월송리 김 교수의
고향 만들기

월송리 김 교수의

고향 만들기

김재환 지음

녹색평론사

목차

고향 만들기

나는 고향에 대한 기억이 별로 없는 사람이다. 경상남도 통영시에서 태어나서 일곱 살 때까지 살았지만, 그 시절에 대한 기억은 아주 희미할 뿐이다. 어떤 사람은 네댓 살 때의 일도 기억한다는데, 나는 국민학교(초등학교) 1학년 때의 일도 잘 기억하지 못한다. 이처럼 고향에 대한 기억이 희미한 것은, 내 기억력이 시원찮은 탓도 있겠지만, 그보다는 내가 너무 많은 곳을 옮겨 다녔기 때문일 것이다. 어린 시절에 이곳저곳 많이 옮겨 다니다 보니, 여러 곳에 대한 기억이 머릿속에서 중첩되고 혼합되어 희석이 되어버렸을지도 모른다.

나는 국민학교만 여섯 군데를 다녔다. 1년에 한 번씩 전학을 다닌 셈이다. 중학교도 두 군데를 다녔다. 직업이 교사인 아버지가 전근을 다닐 때마다 나도 전학을 다녔기 때문이다. 아버지는 역마살이 단단히 낀 분이셨다. 어머니가 어디 가서 아버지의 사주를 보았더니, '발에 통태(바퀴의 경상도 사투리)를 단 사람'이라고 하더라는 얘기를 들은 적이 있다. 아버지는 통영에서 교사생활을 시작하여 부산, 진주, 순천, 목포 등지의 학교를 수없이 옮겨 다니셨다.

고등학교 때부터는 아버지의 영향권에서 벗어났지만, 나에게도 역마살이 영 없다고는 할 수 없다. 저 멀리 남쪽 바닷가에서 태어난 사람이 뜬금없이 강원도 춘천에서 살고 있으니 말이다. 자기가 태어난 고향 땅에서 살고 있지 않으면, 이것도 일종의 역마살인 셈이다.

언젠가 춘천시내 한 식당에서 밥을 먹고 있는데, 옆 좌석에 웬 50대 남성 세 명과 여성 한 명이 술을 마시고 있었다. 주고받는 대화로 미루어 그들은 춘천 사암국민학교 동창생들이었다.

"야, 우리 4학년 땐가, 여름에 비 억수로 많이 온 날 있었지. 내 기억에 그날 너는 결석을 했던 것 같은데, 그때 왜 결석했지?"

"말도 마. 우리 집 앞에 있는 다리가 떠내려간 거야. 나는 할 수 없이 학교와는 반대 방향인 고은리 쪽으로 갔어. 고은리로 빙 돌아서 학교에 가는 바람에 등교 거리가 몇 배로 늘어났지. 몇십 리를 걸어서 겨우 학교에 도착했는데, 이미 학교가 파해서 애들이 아무도 없었어."

"담임선생님이 기특하다고 칭찬을 해주었겠네."

"아니야. 왜 이제 왔냐고 야단만 맞았어. 그때 어찌나 서럽던지…."

끝도 없이 이어지는 그들의 어린 시절 이야기를 엿들으면서, 나는 그들이 참 부럽다는 생각을 했다. 자기가 태어난 곳에 계속 살면서 가끔씩 소싯적 친구들을 만나서 회포를 풀 수 있다는 것은 얼마나 큰 행복인가.

고향에 대한 기억이 희미하다는 것은 삶의 뿌리가 약하다는 뜻이다. 고향에 대한 기억은 단순히 자기가 태어난 곳에 대한 기억이 아니다. 그것은 자신의 근원이 공간과 시간이라는 요소들과 불가분의 관계로 맺어지는 복합된 심성의 기억이다. 여기서 공간은 신작로 건너편의 언덕 위에 늘어서 있는 물푸레나무, 물수제비뜨던 바닷가의 갯냄새, 붉은 홍시를 달고 뜰에 서 있던 감나무 등등의 여러 풍경들을 말한다. 유년의 '시간'은 그런 풍경들의 '공간'과 결합되어 우리의 깊은 내면에 원초적 정감으로 자리 잡는다. 그래서 고향은 항상 그립고, 잊을 수 없고, 안타까운 갈구의 대상이 되는 것이다.

고향에 대한 기억이 풍성한 사람은 삶의 근원에 대한 정감이 풍성한 사람들이다. 삶의 풍랑 속에서 그들이 좌절하지 않고 꿋꿋이 버틸 수 있는 것은, 언젠가는 고향으로 돌아갈 것이라는 희망이 있기 때문이다. 세상살이가 아무리 힘겹고 고달플지라도, 고향의 존재는 그들에게 언제나 따뜻한 위안의 원천이 되어준다.

나는 고등학교 시절 이후에는 주로 부산과 서울에서 살았다. 부산이나 서울과 같은 대도시에서는 고향을 구성해주는 '풍경'을 발견할 수 없었다. 전찻길과 아스팔트와 빌딩은 나에게 풍경이 되어주지 못했다. 광복동이나 명동 같은 도심지의 화려한 불빛, 백화점의 진열장을 수놓은 값비싼 상품들, 아득한 공중으로 치솟아 있는 아파트 등은 나의 천박한 욕망만 부추길 뿐, 정감 어린 풍경과는 거리가 멀었다. 삶의 정감과 동떨어진 도시의 공간은 고향을 구성해주지 못했고, 그것은 단지 땅의 일부를 표시하는 지도에 불과했다.

내가 대학에 입학했던 1964년, 서울의 주거지역은 동쪽으로는 청량리까지, 서쪽으로는 신촌까지였다. 그 무렵 서울 인구는 300만 명을 조금 넘긴 수준이었다. 당시에는 고층 건물도 그다지 많지 않았다. 최고로 높은 건물이래야 지금의 롯데호텔 자리에 있던 8층짜리 반도호텔이었다. 그러나 제1차 경제개발5개년계획이 시작된 1962년부터 20년간 서울의 지도는 엄청난 변화를 겪었다. 세운상가아파트가 서울의 마천루가 되면서부터 서울의 스카이라인은 하루가 다르게 달라졌다. 시내에는 롯데호텔을 비롯한 고층 건물들이 즐비하게 늘어서기 시작했다. 31층인 삼일빌딩은 높이가 114미터였는데, 내가 직장을 얻고 결혼을 한 70년대 중반쯤에는 100미터를 넘는 빌딩들이 10여 개나 되었다.

서울의 인구도 급속하게 늘어났다. 1963년에 300만 명이던 서울 인구가 1976년에 725만 명에 달했으니, 불과 10년 남짓 사이에 두 배 이상 증가한 것이다. 마포아파트를 필두로 수없이 많은 아파트가 서울의 스카이라인을 다시 한번 바꾸기 시작했다. 사람들은 새들처럼 하늘 높은 곳에서 밥을 먹고, 잠을 자고, 똥을 누었다. 종로나 명동 같은 도심에서는 붐비는 인파 때문에 낯선 사람과 어깨를 부딪치는 일이 종종 생겼다. 하늘을 쳐다보면 아득하게 높은 빌딩들이 현기증을 불러일으켰다. 버스는 언제나 만원이었다. 그나마도 놓치기가 일쑤였다. 나는 그런 서울이 싫었다.

서울의 인구가 천만에 육박하던 1981년, 나는 성심여대로 학교를 옮기고 경기도 부천으로 이사를 했다. 서울을 탈출한 나는 원미동의 한 단독주택에 살면서 학교까지 야산을 넘어 걸어서 출퇴근을 했다. 부천도 이미 복숭아밭으로 유명하던 전원도시는 아니었지만 그래도 마천루와 군중으로 상징되는 대도시는 아니었다. 그러나 그런 행복도 몇 년을 못 갔다. 어느 날 시내에 나갔더니 거리에서 낯선 사람과 어깨를 부딪치는 일이 생겼다. 알고 보니 내가 이사 온 후 6년 사이에 부천의 인구가 25만 명에서 50만 명으로 두 배로 늘어나 있었다. 부천도 이제 편히 숨 쉬면서 살 곳이 못 되었다.

마침 춘천에 있는 한림대에 자리가 나자, 나는 미련 없이 학교를 옮기고 춘천으로 이사를 했다. 춘천은 강원도의 도청소재지이지만, 당시에는 아담한 지방 소도시에 불과했다. 도심의 교통이 얼마나 한가로웠던지, 시내 한가운데 도로에다 승용차를 주차해 놓고 마음대로 은행 일을 볼 수 있을 정도였다. 서울 춘천 간의 도로도 2차선이었고, 차량의 통행량도 많지 않았다. 승용차를 몰고 서울에 갔다가 깜깜한 밤에 돌아올 때는 도로에 차가 없어서 무서운 느낌이 들 지경이었다.

그러나 그런 여유로움도 오래가지는 못했다. 서울 춘천 간의 도로가 4차선으로 확장되면서 춘천의 인구가 늘어나기 시작했다. 시내의 차량 대수도 늘어나기 시작했다. 시내의 도로에 주차를 해놓고 은행 일을 본다는 것은 아득한 옛날 일이 되어갔다. 어느덧 시내의 교차로를 통과하기 위해서는 신호를 두 번 세 번 받아야 하는 상황으로 변해갔다. 마천루와 인파를 피해서, 풍경이 있는 곳을 찾아서, 아니 '고향을 만들기' 위해서, 서울에서 부천으로, 부천에서 춘천으로 망명해 온 나의 이 도피 행각의 다음 행선지는 도대체 어디인가?

이 글은 그 다음 행선지에 대한 이야기이다.

제 1부

지내리 시절

흙이라는 것은 참 묘한 물질이다. 겉보기에는 옅은 갈색의 알갱이들이 뭉쳐져서 그냥 지표 위에 아무렇게나 흩어져 있는 것처럼 보인다. 하지만 그 속에는 오묘하고도 다채로운 세계가 들어있다.

상추, 쑥갓 같은 채소를 심을 때는, 흙 속에 퇴비를 넣고 삽과 쇠스랑으로 흙을 뒤집은 후 쇠갈퀴로 흙덩이를 잘게 부순다. 그러고는 손바닥으로 흙을 쓰다듬어서 평평하게 고른다. 그때 손바닥에 전해져 오는 흙의 촉감이 나를 황홀하게 한다. 보드라우면서도 까슬까슬하고, 메마른 듯하면서도 촉촉한 그 느낌!

1 주경야독 꿈꾸며 땅 덥석 사고 보니

남자 나이 쉰다섯 즈음은 참 묘한 시기이다. 자식들도 다 컸고, 집안도 어느 정도 자리가 잡혔으며 사회적으로도 인정을 받는 때이다. 이런저런 세파를 겪은 끝에 사람도 제법 성숙한 면모를 보인다. 그런데 정신없이 사느라 잊고 지냈던 저 아득한 적막(寂寞)의 그림자가 언뜻언뜻 눈앞을 스치는 것도 그 시기이다.

교수 노릇 잘하고 있던 내가 뜬금없이 농사를 짓겠다고 나선 것이 바로 쉰다섯 즈음이었다. 사실 그런 생뚱맞은 생각을 한 남자가 나뿐만은 아니었다. 기(氣)치료 같은 자연치유법에 눈을 뜬 친구가 있는가 하면, 갑자기 불교에 심취하기 시작한 친구도 있었다. 더이상 메마른 도시의 삶 속에서 허우적거려서는 안되겠다는, 뭔가 새로운 돌파구가 있어야겠다는 생각이 머릿속에 맴돌았던 것일까? 어느 날 나는 땅을 사야겠다는 결심을 하고서 한 부동산 중개소를 찾아갔다.

농사짓는 땅으로 인정받으려면 300평이 넘어야 한다는 얘기를 주워들은 바 있고, 또 나중에 집을 짓게 될지도 모른다는 생각까지 들어서, 그런 땅을 구해달라고 했다. 그리하여 중개사가 나를 데리고 간 곳은 내가 사는 후평동에서 자동차로 10분 정도의 거리에 있는 춘천시 동면 지내리였다.

큰길에서 소로(小路)로 접어들어 야트막한 야산들 사이로 들어가니 약간 비탈진 농토들이 나타났다. 그 근방에는 집도 한 채 있었고, 커다란 우사(牛舍)도 있었다. 그중 300평쯤 되어 보이는 자연녹지 한 필지를 중개사가 소개했다. 앞이 툭 트인 전망 좋은 곳은 아니었지만, 그 대신 아늑한 맛도 있고 땅 모양이 네모반듯한 것이 괜찮아 보였다. 좌측 야산에 소나무 숲이 우거져 있는 것도 보기가 좋았고, 무엇보다도 집에서 그리 멀지 않은 곳이라는 점이 마음에 들었다. 그래서 선을 보는 자리에 처음 나선 자가 그 첫 상대와 덥석 결혼을 하듯, 나는 처음 본 그 땅을 덥석 사버렸다.

중개사가 지적도를 보여주었고, 토지대장이니 도시계획확인서 같은 것들을 보여주었다. 그러면서 내가 그 땅을 소유하게 되면 그 뒤쪽의 땅이 맹지(盲地)가 될 테니, 길로 내어줄 10평 정도를 공유지분으로 해야 한다고 했다. 공유지분은 따로 등기를 해주겠다고 해서 그렇게 하라고 했다. 그런데 아, 그때는 감쪽같이 모르고 있었다. 내가 사려고 하는 땅 그 자체가 아예 맹지라는 사실을! 길이 빤히 나 있고, 자동차가 들어갈 수 있으니 지적도에 도로가 없으리라는 생각은 미처 하지를 못했던 것이다.

사실 그때는 맹지라는 용어도, 개념도 잘 알지 못하던 때였다. 게다가 세상물정 모르는 나에게 맹지를 팔아넘긴 그 중개사는 공유지분이라던 그 10평의 땅도 등기를 해주지 않았다. 약속한 날짜가 지나도 소식이 없어서 부동산 중개소에 찾아갔더니, 그 중개사는 얼마 전에 거기를 그만두었고 연락도 닿지 않는다고 했다. 훗날 나는 공유지분이라던 그 땅이 뒤쪽 땅을 산 사람의 소유로 되어 있음을 알았다.

더욱 기가 막힌 것은 맹지를 산 교수가 나 하나만이 아니었다는 사실이다. 나는 우리 대학교 남모 교수와 전모 교수가 각각 거두리에 맹지를 샀음을 알았고, 김모 교수가 만천리에 맹지를 샀음을 알았다. 이웃 강원대에도 맹지를 구입한 사람이 더러 있다는 소리를 들었다. 은퇴 후에 시골에 가서 주경야독(晝耕夜讀)하면서 음풍농월(吟風弄月)하겠다고 생각한 교수들이 하나같이 중개사들의 농간에 넘어가 맹지를 사고 있었다. 노후를 위해 땅을 사러 나선 교수들은 배산임수(背山臨水)의 경치만 보면 '묻지도 따지지도 않고' 맹지를 사들였다. 교수들은 가히 맹지 전문가들이었다. 동요 노랫말에 나오는 "아빠는 엄마를 좋아해"가 아니라 "교수는 맹지를 좋아해"였다.

어찌 되었건, 나는 마침내 농지 소유자가 되어 농사를 시작하게 되었다. 하지만 어디서부터 어떻게 시작해야 좋을지 막막할 뿐이었다. 나 자신은 말할 것도 없고 나의 조상님들 중에도 농사 비슷한 것을 지어본 분이 없었다. 하지만 한군데 믿는 구석이 있기는 했다. 평소 친하게 지내고 있는 사학과 박근갑 교수가 일찍이 송암리라는 시골에 땅을 사서 집을 짓고 들어가 있었기 때문이다. 사실 우리 순진한 책상물림들에게 '은퇴 후 귀촌'이라는 바람을 불어넣은 장본인이 바로 박 교수였다. 그는 틈만 나면 우리에게 시골생활의 즐거움을 떠벌렸고, 농사가 천하지대본임을 실감하면서 살고 있다고 으스대었다.

박 교수는 내가 농사를 짓기 위해 밭을 구입했다는 소리를 듣고서 진심으로 축하해주었다. 그리고 영농의 기초를 가르쳐달라는 내 부탁을 기꺼이 들어주었다. 그는 몇 가지 농기구와 멀칭*용 검정비닐 그리고 퇴비 두 포대를 구입해놓을 것을 지시했다. 그리고 그때가 감자를 심는 시기여서 씨감자를 마련해놓을 것을 지시했다. 나는 당장 철물점으로 달려가서 농기구들을 구입했고, 농협에 가서 검정비닐과 퇴비를 구입했다. 씨감자는 우리 땅 옆에 사는 영감님에게 부탁했더니, 쓰고 남은 것을 나누어 주었다.

내가 준비를 마치고 난 어느 날 드디어 그가 우리 밭에 나타났다. 그런데 이게 웬일인가. 평소에 농사일을 가지고 그토록 호언장담하던 박 교수는 밭이랑을 만들고 비닐을 씌우는 작업을 하는 과정에서 예상외로 몹시 버벅거렸다. 그가 정확히 아는 것이라고는 씨감자를 심을 때는 몇 토막으로 잘라서 눈이 난 곳을 위로 해서 심는다는 정도였다. 나는 그가 무안해할까 봐 눈치를 살피며 조심스럽게 물었다.

"아니, 농사를 짓는다면서, 밭 만드는 일 안해봤어요?"

그가 머리를 긁적이면서 대답했다.

"사실은 … 동네 청년들이 다 해주는 바람에 … 나는 나중에 캐는 것만 해봤어요."

알고 보니, 박 교수는 내가 앞으로 그 전철을 밟아나가게 될 모델 — 엉터리 농사꾼이었다.

---

* 농작물을 재배할 때 경지 토양의 표면을 덮어주는 일. 덮어주는 자재를 멀치 (mulch)라고 하며, 예전에는 볏짚, 보릿짚, 목초 등을 썼으나, 오늘날에는 폴리에 틸렌이나 폴리염화비닐 필름을 이용한다. 토양침식 방지, 토양수분 유지, 지온 조절, 잡초 억제, 토양전염성병균 방지, 토양오염 방지 등의 목적으로 실시된다.

2 300평 밭농사가 얼마나 무모한 짓인지

감자를 심은 면적이 열 평 남짓 되었을까? 애초에 땅을 사서 정지(整地)작업을 할 때, 밭의 윗부분 50평가량은 비닐하우스 및 원두막을 짓기 위한 용도로 따로 평탄작업을 해두었다. 하지만 나머지 200여 평에 대해서는 아무런 대책이 없었다. 박근갑 교수는 옥수수와 콩을 심을 것을 권했지만, 그런 것들은 또 어떻게 심어야 한단 말인가? 아내와 나는 눈앞에 펼쳐져 있는 광활한 토지를 바라보며 한숨만 쉴 뿐이었다. 원래 내가 대책 없이 일 저지르는 데 선수이긴 했다. 하지만 이번에는 문제가 달랐다. 경작지의 20분의 1 정도에만 작물을 심어놓고 나머지를 풀밭으로 놀린다면, 그게 말이 되는 소리인가. 아내와 나는 의논 끝에 옆의 영감님에게 도움을 청해보기로 했다.

영감님은 나머지 땅에다 일단 복합비료 한 포대와 퇴비 다섯 포대를 뿌리라고 했다. 우리가 시키는 대로 했더니, 영감님이 트랙터를 가지고 와서 로터리를 쳐주었다. 그러고는 말린 옥수수를 몇 개 줄 테니 그 씨를 심어보라고 했다. 다음 토요일이 되자, 영감님의 지시대로 50센티미터 간격으로 호미로 땅을 파고서 한 구멍에 세 알씩 옥수수 씨를 넣었다. 점심을 사 먹어가면서 오후 늦게까지 작업을 했더니, 반 정도의 면적에 옥수수를 심을 수 있었다.

하지만 그 나머지 땅은 또 어떻게 할 것인가? 그래서 다시 영감님에게 자문을 구했다. 영감님은 모종상에 가서 푸성귀 모종들을 사다가 나머지 땅에다 심어보라고 했다. 다음 날 아내와 나는 영감님이 가르쳐준 대로 아침 일찍 중앙시장 모종상을 찾아갔다. 거기에는 온갖 종류의 텃밭 모종이 작은 포트 속에서 가녀린 몸매들을 나부끼며 우리를 기다리고 있었다. 아내와 나는 그 앳되고 앙증맞은 모종들에 현혹되어 무턱대고 상추, 쑥갓을 비롯한 쌈채소, 맷돌호박, 오이, 가지 등속을 구입했다.

이미 감자를 심으면서 밭이랑을 만들고 검정비닐로 멀칭하는 요령을 터득했기 때문에, 푸성귀 밭을 만들고 채소 모종들을 심는 데는 큰 어려움이 없었다. 하지만 농사일에는 초보 중에서도 왕초보들인지라 전문 농사꾼들에 비해서 작업시간이 두세 배는 더 걸렸던 것 같고, 힘도 두세 배는 더 들었던 것 같다. 주말 이틀 동안 어찌나 용을 썼던지, 일요일 저녁에는 밤새도록 끙끙 앓았고, 월요일 아침에는 결근하고 싶은 마음이 굴뚝같이 솟아올랐다.

교수에게 300평 밭농사라니! 내가 얼마나 무모한 짓을 감행했는지를 뼈저리게 느끼는 데는 오랜 시간이 걸리지 않았다. 우리가 농사일을 할 수 있는 시간은 주말뿐이었다. 아내는 서울 소재 대학에 다니는 딸 셋 뒷바라지하느라 여념이 없었고, 나는 학교 일에 바빴기 때문이다. 알고 보니 우리 대학에는 주말농장을 가꾸는 교수들이 더러 있었다. 그들이 가꾸는 땅은 기껏해야 5평 아니면 10평 정도였는데, 그들은 그 면적 가지고도 쩔쩔맨다고 엄살을 떨었다. 그런데 30평도 아니고 300평이라니!

하지만 이건 이제 시작에 불과했다. 옥수수의 싹이 채 돋기도 전에, 푸성귀 모종들이 채 모살이 — 모종이 땅에 뿌리를 박고 파랗게 생기를 띠게 되는 일 — 를 하기도 전에, 멀칭이 안된 땅에서는 온갖 종류의 잡초가 돋아나기 시작했다. 바랭이, 방동사니, 개망초, 사위질빵, 며느리밑씻개, 질경이, 여뀌, 애기똥풀, 쇠비름 등 그 이름도 요상한 잡초들이 여기저기서 정신없이 돋아나기 시작한 것이다. 잡초들은 순식간에 자라났다. 바랭이 같은 풀은 줄기를 뻗어서 땅에 닿으면 거기에 뿌리가 생기고, 그 뿌리에서 다시 줄기가 생기는 식으로 온 밭을 뒤덮어갔다.

아내와 나는 호미로 긁어서 잡초의 싹을 없애보려고 했다. 잡초도 어린싹일 때는 호미로 쉽게 긁혔다. 그러나 일주일 후에 가보면 잡초의 양이 두 배는 불어나 있었고, 잡초의 키가 두 배는 자라나 있었다. 마침내 옥수수 싹이 돋아났지만 풀 속에 묻혀 찾기가 힘들 지경이었고, 김을 매다가 자칫 옥수수 싹을 자르기 일쑤였다. 김수영의 〈풀〉이라는 시에 묘사되어 있듯, "풀은 바람보다 더 빨리 눕고 바람보다 먼저 일어"났다.

이대로는 안되겠고 뭔가 해결책이 있어야겠다고 고심하고 있던 차에, 마침 아파트 옆집에 초등학교 교감선생님으로 정년퇴직한 분이 이사를 왔다. 그래서 아내와 나는 결심을 하고서 옆집에 찾아갔다.

"제가 지내리에 땅이 좀 있는데요. 땅이 좀 큰 편이어서 누구 같이 농사지을 분이 있으면 좋겠다는 생각을 하고 있었어요. 그런데 마침 선생님이 이사를 오셨으니, 괜찮으시다면 같이 한번 지어보지 않으실래요? 농사에 들어가는 비용은 다 제가 대고, 수확물은 똑같이 나누는 조건으로요."

교감선생님은 처음에 좀 당황해하셨다. 어릴 때 시골에서 자라기는 했지만 농사를 지어본 경험은 전무하다는 것이었다. 그러나 나도 농사에는 초년생이며 문외한이라고 했더니, 마침내 동의를 해주셨다.

　"안 그래도 퇴직하고 뭐 하는 일이 있으면 좋겠다는 생각은 하고 있었어요."

　아내와 나는 뛸 듯이 기뻤다. 둘이 하던 일을 넷이 하면 얼마나 수월하겠는가! 내가 원래 운이 좀 좋은 편인데, 이번에도 운이 잘 풀리는 것 같았다. 그러나 그 기쁨은 사흘을 넘기지 못했다. 우리가 함께 밭에 가기로 한 전날 밤, 이번에는 교감선생님이 우리집을 방문했다.

　"제가 엉겁결에 동의는 해놓고, 곰곰이 생각해봤는데요. 아무리 생각해도 안되겠어요."

　"아니, 무슨 문제가 생겼나요?"

　"그게 아니라, 아무리 생각해도 엄두가 안 나서요."

　나는 실망을 금할 수 없었다. 하지만 사실이 그랬다. 그분 입장에서 보면 엄두가 안 나는 일이었을 것이다. 그분은 나보다 나이가 열 살이나 더 많지 않은가. 인생의 후반기에 뭔가 새로운 숨통을 찾으려 한다면, 그것은 쉰다섯 즈음, 늦어도 예순 이전에는 시도해야 할 일인 것이다.

3 원두막 그늘에서 먹는 고등어조림 상추쌈

풀과의 전쟁은 그야말로 악전고투였다. 생전 노동이라고는 모르던 내 몸은 뜻밖의 노역에 시달리며 비명을 질렀다. 좋아하는 낚시도 못 가고 주말마다 이게 뭐하는 짓인가 하는 후회가 밀려왔다.

하지만 작물들이 파릇파릇 싹을 틔워서 자라나는 모습을 바라보는 기쁨은 그런 후회를 상쇄하고도 남을 만한 것이었다. 농사 경력 10년이 훨씬 넘은 지금도 새로 돋아나는 싹은 항상 경이로움 그 자체이다. 씨를 뿌려 싹이 안 난 적이 거의 없었는데도 말이다. 그리고 또하나 희한한 것은 하루 종일 일하고 손가락 하나 까딱할 힘이 없을 만큼 지쳐 있어도, 자고 나면 거짓말처럼 피로가 풀린다는 사실이다. 하기야 농부들이 평생 동안 그 힘든 노역을 견뎌낼 수 있는 것도 그 때문이 아닐까 싶다.

아무튼 나의 그 서툰 농장이 그런대로 꼴을 갖추기 시작하자, 은근히 한 가지 욕심이 생기기 시작했다. 그것은 다름 아닌 텃밭 농사의 꽃 - 고추를 길러보고 싶다는 생각이었다. 그래서 하루는 영감님에게 고추농사는 어떻게 하는 것이냐고 물었다.

"고추 하려면 하우스부터 지어야지" 하고 영감님이 대답했다.

고추에는 병충해가 많이 끓는데, 특히 탄저병(炭疽病)을 피하려면 비닐하우스의 비가림이 필수라는 것이었다. 차차 알게 된 사실이지만, 노지(露地)에서 고추를 키울 경우에는 비가 온 후에 반드시 농약을 쳐야 한다. 빗방울이 땅에 떨어져 튀면 땅속에 숨어있던 탄저균이 비산(飛散)하는 빗방울을 타고 고추에 옮겨 붙기 때문이다. 후일 나는 고추농사를 크게 짓는 한 농부가 "올해는 고추에 약을 열 번밖에 안 쳤어"라고 자랑하는 소리를 들은 적이 있다.

따라서 고추를 기르려면 비닐하우스가 필수 요건인데, 그건 또 어떻게 짓는단 말인가? 하지만 이처럼 어떤 일을 앞에 두고 막막할 경우, 내가 애용하는 방법이 하나 있다. 전화번호부 책을 뒤져서 시공업체들을 찾아내는 것이다. 이번에도 그렇게 해서 알아낸 시공업체들에 나는 전화를 걸기도 하고, 직접 찾아가보기도 했다. 그러나 그들의 한결같은 대답은, 그처럼 작은 비닐하우스 한 동은 취급을 안한다는 것이었다. 그도 그럴 것이 그들은 한 번에 수백 동씩 대량으로 비닐하우스 작업을 하고 다니는 사람들이다.

내가 밭을 샀다는 소문이 교내에 돌았던 모양이다. 하루는 교수 식당에서 만난 식품영양학과 정차권 교수가 내게 농사일이 잘되어가고 있는지 물어왔다. 나는 그가 감정리에 700평쯤 땅을 사서 그 일부에 농사를 짓고 있고, 비닐하우스도 지었다는 소문을 들은 바 있었다. 그래서 그에게 비닐하우스를 어떻게 지었는지를 물어보았다.

"우리 과 학생이 지어줬어요."

"학생이? 학생이 어떻게?"

"아르바이트로 비닐하우스 작업을 하는 학생이에요. 여름방학 때 비닐하우스 아르바이트해서 한 학기 등록금을 번답니다."

"그러면 어디 나도 한번 부탁해봅시다."

이리하여 정 교수의 소개로 나는 그 학생을 만나게 되었다. 우리는 함께 농협에 가서 비닐하우스 짓는 데 필요한 자재들을 구입했다. 그런데 하우스파이프의 경우, 농협에서는 팔기만 할 뿐 휘어주지도 실어다주지도 않는다고 했다. 그래서 다시 하우스파이프를 취급하는 업체를 수소문하고 다녔다. 다행히도 그중 한 업체가 우리가 원하는 8미터 하우스파이프를 휘어서 큰 트럭에 실어 우리 밭까지 날라다주었다.

비닐하우스는 정말 위대한 발명품이었다. 아마도 그처럼 저렴한 비용에, 그처럼 유용한 물건을 만들 수 있는 기술은 달리 없을 것이다. 그 학생이 비닐하우스를 조립해나가는 작업을 지켜보는 내 입에서 절로 탄성이 터져 나왔다. 내가 가장 궁금했던 것은 '가로 파이프와 세로 파이프를 어떻게 서로 엮어서 고정시키는가'와 '완성된 파이프 구조물에 덮어씌운 비닐을 어떻게 팽팽하게 만드는가'였다. 파이프를 엮는 부속은 조리개였고, 비닐을 고정시키는 부속은 패드막대와 패드스프링이었다. 둘 다 탄성의 강도가 매우 높은, 나처럼 악력(握力)이 약한 사람은 다루기 힘든 쇠 스프링이었는데, 그 학생이 일자 드라이버를 이용해서 그것들을 빠른 속도로 채워나가는 솜씨는 가히 예술이었다. 비닐하우스가 완성되고 나자, 나는 그 학생에게 원래 약속한 품삯에다 장학금 조로 얼마를 더 얹어 주었다.

비닐하우스를 짓고 나니, 이번에는 원두막 차례였다. 날씨가 점점 더워 오는데 작업하는 중간에 힘이 들면 쉬기도 하고, 앉아서 점심도 먹고, 또 농기구를 넣어둘 장소가 필요했기 때문이다. 멋진 정자를 짓고 싶었지만 건축비를 알아보니 예상했던 것보다 훨씬 비쌌다. 그래서 아내와 의논하여 철물로 된 원두막을 짓기로 했다. 이번에도 전화번호부를 뒤져서 '영준공업사'라는 데를 찾아 냈다. 주인은 선뜻 가로세로 각 2.5미터 정도의 원두막을 85만원에 지어주겠다고 했다. 다음 날 주인과 직공 두 사람이 와서 한나절 산소용접을 한 끝에, 마침내 녹색 천막을 친 아담한 원두막이 탄생하게 되었다.

원두막이 생기니 무엇보다도 점심을 먹는 기쁨을 누릴 수 있어서 좋았다. 마침 채마밭에서 상추 등속의 푸성귀가 나오기 시작하고 있었다. 밥은 휴대용 가스레인지로 했고, 쌈 속에 넣을 된장과 반찬은 집에서 싸 가지고 갔다. 상추쌈에는 삼겹살 구운 것이 제격이라지만, 우리는 싱싱한 고등어를 냄비에서 자작자작 조린 것을 쌈 속에 넣어 먹었다. 아침나절 땀 흘려 일하고 한껏 허기져 있을 때 원두막 그늘에서 먹는 고등어조림 상추쌈은, 그 후 우리로 하여금 엉터리 농사일을 포기하지 못하게 한 중요한 요인이 되었다.

4 개 때문에 농사 포기할 마음까지

비닐하우스와 원두막을 짓고 나니, 이번에는 물을 해결할 차례였다. 그동안 먹을 물은 집에서부터 생수를 가져왔고, 밭에 쓸 물은 옆의 영감님 집에서 양동이로 길어다 썼다. 그런데 그게 여간 힘들고 귀찮은 일이 아니었다. 시군(市郡) 통합을 해서 명색이 춘천시 관내라고 하지만, 동면 지내리에는 아직 수도가 놓이지 않았다. 영감님은 산 위 약수가 나오는 지점에다 큰 수조(水槽)를 설치하고, 수조에 고인 물을 고무호스로 집까지 끌어다 쓰고 있었다. 그 거리가 꽤 멀어 70~80미터는 족히 되어 보였다.

주위에서 나더러 지하수를 파서 쓰라고 권했지만, 그 비용이 만만치 않았다. 20~30미터 뚫는 지하수는 큰돈이 들지 않지만, 석간수가 나올 만큼 깊이 뚫으려면 1,000만원 가까이 비용이 든다는 것이었다. 그래서 나는 영감님에게 양해를 구하고, 수조에서 넘쳐흐른 물이 고이는 데다 고무호스를 박아서 원두막까지 끌어왔다. 원두막 옆에 사다 놓은 큰 물통까지의 거리는 아마 30미터쯤 되었을 것이다. 넘쳐흐른 물을 받아서 쓰는 터라 그 양이 많지는 않았지만, 가물 때는 그거라도 있는 게 얼마나 다행인지 몰랐다.

이처럼 농장 꼴을 갖추기까지는 옆의 영감님 외에도 여러 사람의 도움이 있었다. 나를 영농으로 안내해준 영농 가이드가 사학과 박근갑 교수였다면, 국문과 오춘택 교수는 나의 영농 파트너라고 할 수 있다. 그는 내가 농지 소유자가 된 것을 기념하여 기념식

수를 해주었고, 그 이후로 가끔씩 나의 농사일을 거들어주었다. 게다가 오 교수의 모친까지 나의 농사일에 관심을 가져주셨는데, 그분은 농사에 관한 한 거의 전문가 수준이었다. 모친이 한번씩 시범을 보여주셨는데, 일을 해나가는 속도가 우리 부부보다 두 배는 빠른 것 같았다. 우리가 김을 매면서 힘들어하면, 모친은 "눈은 게을러도 손은 부지런한 법이여"라고 말씀하시곤 했다.

아닌 게 아니라, 맹렬하게 자란 풀을 '눈'으로 보면 억장이 무너지다가도, 막상 '손'에 호미를 들고 일을 시작하면 어느새 몇 미터씩 밭이 말끔해지곤 했다. '시작이 반'이라는 말이 이보다 더 잘 들어맞는 경우는 없을 것이다.

고추를 심기 위해 비닐하우스를 지었지만, 너무 늦게 짓는 바람에 이미 고추 심을 시기를 놓치고 있었다. 그래서 그해는 고추 대신 수박과 참외를 심기로 했다.

영감님 집과 우리 밭 사이에는 커다란 우사(牛舍)가 있었다. 그 우사에는 영감님의 의붓아들인 안씨가 다섯 마리쯤 소를 키우고 있었다. 안씨는 전업 농사꾼이 아니었다. 그의 진짜 직업은 배관공이었고, 춘천시내에서 보일러 수리점을 운영하고 있었다. 가게와 집이 모두 시내에 있는 바람에 하루에 한두 번씩 농장에 와서 소를 보살피고 있었다. 그는 개도 대여섯 마리 키우고 있었는데, 개들은 우사의 말뚝에 묶여 있었다. 그런데 웬일인지 그중 한 마리만 묶여 있지 않고 자유로이 돌아다니고 있었다.

내가 '밉상'이라고 이름을 붙인 이 개는 말도 못할 말썽쟁이였다. 밉상은 그 넓은 땅의 다른 데는 다 놔두고 하필 우리 밭에 와서 똥을 쌌다. 그리고 채마밭에서 뒹굴어서 채소들을 쓰러트리기도 하고, 파헤쳐놓기도 했다. 밉상은 새로 지은 비닐하우스의 비닐을 찢고 들어가 그 안에다가 똥을 싸기도 하고, 갓 뻗기 시작한 수박과 참외의 줄기를 흩트려놓기도 했다. 밉상은 또 원두막에 쳐들어와서, 식기와 수저들을 씻어서 올려놓은 플라스틱 찬장을 쓰러트렸다. 주말 오전에 원두막에 와보면, 마룻바닥에는 어지러이 개 발자국들이 찍혀 있었고, 여기저기 그릇들이 나뒹굴고 있었다. 나는 안씨에게 거세게 항의해보았지만 그는 형식적으로 몇번 그 개를 잡는 체해 보이더니, "죄송해요. 저 개를 묶어야 하는데, 어찌나 약삭빠른지 통 잡을 수가 없네요"라고 말할 뿐이었다.

말은 그렇게 했지만, 그의 표정에는 "농사하다 보면 다반사로 생기는 일인데, 뭘 그까짓 것 가지고 그러느냐"는 핀잔이 서려 있었다.

나는 약간의 정돈벽(整頓癖)이 있어서 비뚤어지거나 흐트러진 것을 못 참는 성격이다. 그래서 밭이랑을 만들 때도 이랑의 수와 넓이를 미리 계산하고, 줄자를 띄워서 똑바로 가지런히 만들어야 직성이 풀리는 편이다. 첫해에는 그렇게 못했지만, 둘째 해부터 지금까지는 줄곧 그렇게 해오고 있다. 그래서 우리 밭에 와본 사람들은, "이거 군대 열병식 하는 것 같네" 혹은 "이거 관광농원에 놀러 온 것 같네" 하고 칭찬과 야유가 뒤섞인 탄성을 지를 정도이다.

하지만 이것은 정말 못 말리는 바보짓이 아닐 수 없다. 그렇지 않아도 힘든 것이 농사일인데, 이런 갑갑한 성격마저 나의 농사일을 두 배 세 배 고달프게 만들고 있으니 말이다. 지금 내가 살고 있는 마을 ─ 차차 이야기하겠지만, 나는 그동안 두 번 더 밭을 바꾸었고, 세 번째 밭에다 집을 지었다 ─ 에서도 나의 이 기행(奇行)은 종종 인구에 회자되곤 한다. 예컨대 내가 밭을 만들고 있는 모습을 지나가던 마을 아줌마들이 보기라도 할 양이면, "야, 저거 좀 봐, 교수님이 또 줄자를 대서 밭을 만들고 있네" 하고 놀려대곤 하는 것이다. 그들이 이처럼 나를 놀리는 것은 밭 모양을 예쁘게 한다고 해서 수확량이 늘어나는 것은 아니라는 것을 익히 알고 있기 때문이다.

아무튼 이런 답답한 성격의 소유자인 나에게 밉상의 그 해작질은 정말 참을 수 없는 폭거가 아닐 수 없었다. 생각해보라. 토요일 아침 설레는 마음을 안고 밭으로 갔는데, 그 밭이 쑥대밭이 되어 있는 참담한 광경을! 오죽하면 그 개 때문에 농사를 포기하고 싶은 마음까지 들었을까.

5 "그 개 잡아서 보신탕을…"

오춘택 교수가 소문을 낸 모양이었다. 학교에 가면 만나는 교수들마다 우리 밭에 관심을 표명했다.

"어디 얼마나 잘해놓았는지 구경이나 한번 해봅시다."

그러면 나는 손사래를 쳤다.

"아직 엉성하고 서툴러서 보여드릴 게 없어요."

"원두막도 지었다면서요. 거기서 막걸리 한잔 걸치면 조오겠네."

주말농사를 짓는 교수들이 몇몇 생겨서 그런지, 교수휴게실에서는 농사 이야기가 종종 화제가 되곤 했다. 모두가 왕초보들이고 짓는 평수도 얼마 되지 않아 농사라고 할만한 것이 아니었다. 그럼에도 불구하고 모두들 전문 농사꾼이라도 되는 양 호들갑을 떨었다.

나는 그 화제에 '밉상' 이야기를 꺼냈다. 개 한 마리 때문에 애로가 이만저만이 아니라고, 농사를 때려치우고 싶은 생각까지 든다고 하소연을 했다. 그러자 한 사람이 기발한 아이디어를 냈다.

"그 개를 잡아서 보신탕 파티를 벌입시다."

보신탕 파티? 그렇잖아도 '밭 공개'를 하라는 성화에 들볶이던 참이었는데, 그거야말로 일석이조가 아니겠는가. 나는 속으로 쾌재를 불렀다.

나는 그 주말에 밭에 나갔다가 안씨를 만나자마자 제안을 했다.

"저기요, 우리가 저 원두막에서 보신탕 파티를 하려고 하는데요. 왜 그 말썽쟁이 개 있잖아요. 그 개를 좀 잡아서 끓여주실 수 있나요?"

안씨는 흔쾌히 그러겠노라고 했다. 나는 개 값과 잡는 비용을 넉넉하게 주겠다고 하면서, 다른 개는 안되고 반드시 그 개를 잡아야 한다는 다짐을 받았다.

나는 아내와 의논하여 그 다음 토요일로 날짜를 잡고, 인문대 교수휴게실 게시판에 '파티 공고문'을 붙였다. 공고문에는 보신탕 못 먹는 교수들을 위해서 닭요리가 준비될 것이라는 추신도 넣었다. 그런데 아내가 걱정을 했다.

"그 아저씨가 지난번처럼 그 개를 못 잡으면 어떻게 해요?"

"지난번에는 잡는 체만 했지만, 이번에는 정말로 잡을 거야. 돈 버는 일인데…."

말은 그렇게 했지만 나도 은근히 속으로 걱정이 되었다. 그래서 안씨가 그 개를 못 잡을 경우 근처에 있는 보신탕집에서 개고기를 사온다는 비상책까지 마련해두었다.

마침내 그날이 와서 아침 일찍 밭에 나가보니, 안씨가 벌써 우사 옆에 가마솥을 걸어놓고 불 지필 준비를 하고 있었다. 그날은 그의 아내와 아들까지 동원되어 있었다. 그들은 삶은 고깃덩어리와 그물채 그리고 엽총을 준비하여 밉상 체포 작전에 들어갔다. 개는 주인이 부르자 처음에는 고깃덩어리에 현혹되어 멋모르고 다가왔다. 그러나 분위기가 심상찮음을 느꼈는지, 이내 꽁무니를 뺐다. 개는 우사 속을 요리조리 피해 다니다가 마침내 우사 밖으로 빠져나갔다. 안씨가 엽총을 들고 따라가보았지만, 개는 산 쪽으로 도망가버렸다. 닭 쫓던 개 신세가 되어버린 안씨가 내게로 와서, "저, 교수님, 다른 개로 잡아드리면 안될까요?" 하고 물었다.

나는 속으로 '어림도 없는 소리! 다른 개는 백 마리를 잡아도 소용없어!'라고 생각하면서 대답했다.

"그러니까 내가 애초에 다짐을 했잖아요, 다른 개는 안된다고!"

안씨는 할 수 없다는 표정을 짓고 물러갔다. 나는 재빨리 인근에 있는 보신탕집으로 달려가서 개고기를 몇 근 사가지고 왔다.

밉상은 그날 이후 며칠 동안 모습을 나타내지 않았다고 한다. 살기(殺氣)를 느껴도 단단히 느꼈던 모양이었다. 게다가 뭔가 깨달은 바가 있었는지, 그날 이후에는 우리 밭에도 잘 나타나지 않았다.

보신탕 파티는 그렇게 해프닝으로 막을 내렸지만, 이번에는 쥐가 문제였다.

6월이 되자 옥수수의 키가 훌쩍 커졌고, 7월 달에는 마침내 열매가 달리기 시작했다. 거름이 시원찮았는지 열매의 크기는 작은 편이었다. 알고 보니 옥수수는 다비성(多肥性)작물이라 복합비료한 포대와 퇴비 다섯 포대 가지고는 큰 열매를 기대할 수가 없었다. 그래도 우리 눈에는 작은 몸집에 삼베 같은 옷을 두르고 수염을 달고 있는 옥수수 모습들이 마냥 신기하기만 했다. 그 수염이 마르면 열매가 다 익은 것이라고 영감님이 가르쳐주었다.

드디어 그 수염들이 말라서 수확을 하러 간 날. 이게 어찌된 일인가. 우리는 눈앞에 펼쳐진 광경에 아연실색하지 않을 수 없었다. 그 많은 옥수수 열매가 모조리 알갱이는 사라지고 깡탱이만 남아있는 게 아닌가! 영문을 모르고 서 있는 우리에게 영감님이 오시더니, 들쥐 떼의 소행이라고 일러주었다. 들쥐는 옥수수 열매가 익었는지 여부를 귀신같이 안다는 것이었다. 고생고생해서 심어놓은 옥수수를 한 자루도 먹어보지 못하다니! 허망하기 짝이 없었다. 그런데 화불단행(禍不單行)이라 했던가. 들쥐들의 후각을 자극하는 작물이 옥수수 외에 또하나 있었다.

비닐하우스에 심어놓은 수박과 참외는 밉상의 피해를 좀 입긴 했지만 그런대로 잘 자라고 있었다. 거름이 약했던지 이들 역시 크기는 볼품이 없었다. 하지만 개수는 제법 되었고, 싱싱하고 먹음직스러운 모습을 보여주고 있었다.

참외 한 개가 노란빛을 띠는 것 같아서 성급하게 따보았으나, 아직은 제대로 단맛이 들지 않았다. 한 주일을 더 기다렸다. 마침내 참외 몇 개가 샛노랗게 익어서 단내를 풍겼다. 하지만 아, 이번에도 우리는 그것을 먹을 수가 없었다. 들쥐 떼가 또다시 귀신같이 단내를 맡고 와서 모조리 갉아 먹었기 때문이다. 다행히도 수박은 피해가 없었다. 수박은 껍질이 두꺼워 들쥐들의 후각을 자극하지 않았던 모양이었다.

6 무밭에 자동차 헤드라이트 켜놓고

사실은 옥수수, 수박, 참외보다 먼저 수확하는 것이 감자다. 짐 승한테 입은 피해를 강조하다 보니까 이야기 순서가 바뀌었을 뿐 이다. 감자가 좋은 점은, 감자 캐고 난 자리에 배추와 무를 심을 수 있다는 것이다. 같은 땅에 이처럼 각기 다른 품목을 이어 지을 수 있는 작물은 흔치 않다. 그리고 감자는 짐승의 피해를 별로 입지 않는다. 고구마와 마는 멧돼지가 와서 깡그리 먹어치우는 일이 더 러 있지만, 감자는 그렇지가 않다. 게다가 한 해 농사의 첫 수확의 기쁨을 안겨주는 것이 바로 감자가 아닌가! 한 가지 흠이 있다면 감자는 보관이 어렵다는 것이다. 저온저장고에 넣어두지 않으면 정신없이 싹이 돋아나서 못쓰게 되어버린다. 우리처럼 판매를 목 표로 하지 않고 그냥 집에 두고 먹으려는 사람들은 그래서 감자를 많이 심지 못한다.

우리 대학교 교수들 말고 나의 엉터리 농사에 관심을 표명한 사 람이 또하나 있었으니, 바로 나의 처남이자 경남고 1년 후배인 최정 학 군이다. 서울 봉천동에서 병원을 개업하고 있는 그는 안부전화 를 할 때면 꼭 나의 텃밭농사에 대해서 묻곤 했다. 그러면서 감자 를 수확할 때가 되면 우리 밭에 와서 직접 감자를 캐보고 싶다고 했다.

농사를 시작한 그 다음 해였다. 감자를 캐기로 한 6월 말 어느 날, 나는 약속대로 춘천에 찾아온 정학 부부를 밭으로 안내했다.

밭으로 가는 승용차 안에서 나는 그에게 농사일을 안해본 사람은 흙을 만지는 일이 생각보다 쉽지 않을 것이라고 미리 경고를 해두었다. 그리고 감자에 상처가 나지 않도록 조심해서 흙을 긁어야 한다는 당부도 잊지 않았다. 그러나 그는 자신이 평소에 테니스와 골프로 단련을 해왔기 때문에, 감자 캐는 일쯤은 식은 죽 먹기라고 자신만만해했다.

밭에 당도하자 내가 일단 시든 감자 잎사귀들을 걷어내고 검정 비닐을 벗겼다. 그러자 정학 부부는 내가 건네준 호미를 손에 들고 서슴없이 감자밭에 뛰어들었다. 그들이 호미로 부드러운 흙을 살살 긁어내자, 그 속에서 주먹만 한 감자들이 줄줄이 딸려 나오기 시작했다.

"야, 이 맛에 농사들을 짓는구나."

수확의 기쁨에 들뜬 정학이 환호성을 질렀다. 그러나 그 환호성은 오래가지 못했다. 밭이랑의 길이로 치면 한 2미터쯤, 시간으로 치면 한 20분쯤 감자를 캐던 그가 "아이고 허리야, 더이상은 못 캐겠어" 하고 비명을 지르면서 뛰쳐나온 것이다.

처남댁이 "무슨 남자가 30분을 못 버텨요?" 하고 남편을 나무랐다. 하지만 그녀도 10분쯤 더 버티다가 결국에는 뛰쳐나왔다. 초여름 땡볕에 얼마나 땀을 흘렸는지 그 둘의 얼굴과 옷은 비를 맞은 것처럼 흠뻑 젖어있었다.

"야, 이거 운동하고는 다르네. 쪼그리고 앉아서 일을 하니까 허리가 끊어질 듯 아프고, 다리도 막 후들거리네."

그들이 항복하고 나온 나머지 감자밭을 아내와 내가 다 수확한 것은 말할 것도 없는 일이다. 캐낸 감자들을 몇 개의 상자에 나누어 담고 나서, 그것을 바라보며 뿌듯해하던 우리 모습은 지금도 눈에 선하다. 우리는 당장 즉석 감자 파티를 벌였다. 밭에서 갓 캐내어 찜통에서 삶아낸 감자 맛은 먹어보지 않은 사람은 모를 것이다. 담백하면서도 달콤하고, 부드럽게 씹히면서도 파근파근한 햇감자의 맛은!

9월 중순쯤 우리는 감자를 캐낸 밭에 무씨를 뿌리고 배추 모종을 심었다. 모종이란 것이 원래 그런 것이기는 하지만, 배추 모종은 유난히 가냘파 보인다. 저런 하늘하늘한 몸매가 나중에 속이 꽉 차서 묵직한 배추가 된다는 것이 도무지 상상이 되지 않는다. 게다가 배추 모종은 야도충(夜盜蟲, 거염벌레)이라는 벌레의 희생물이 되기 십상이다. 이 벌레는 흙 속에 숨어있다가 밤에 몰래 땅 위로 나와서 배추 모종을 칼로 자르듯이 삭둑 잘라놓는다. 그걸 예방하기 위해서는 배추밭을 만들 때 흙 속에 미리 살충제를 뿌려놓아야 한다. 우리는 그것도 모르고 그냥 모종을 심었다가 야도충의 습격에 몇 번이고 모종을 다시 심어야 했다. 가뜩이나 모종을 늦게 심은 데다 ─ 춘천의 경우 배추 모종은 8월 중순, 늦어도 8월 말에는 심어야 한다 ─ 야도충의 피해까지 입어서 우리 배추는 제대로 자라지를 못했다. '농사는 타이밍'이라는 진리를 아직 깨닫지 못한 엉터리 농사꾼이 당한 결과는 참혹했다. 배추의 속이 결구(結球)를 하지 못하고 모조리 봄동처럼 되어버린 것이다.

그나마 무까지 망치지 않은 것은 천만다행이었다. 무가 싹이 돋아서 한 뼘이나 자랐을 때 영감님이 와서 보고는 나에게 물었다.

"흙 속에 붕사는 뿌렸겠제?"

"예? 붕사요? 안 뿌렸는데요."

"붕사를 안 뿌리면 무 속에 심이 생겨서 못쓰게 돼야. 지금이라도 뿌려."

나는 부랴부랴 농협에 가서 붕사를 한 봉지 사 왔다. 그러고는 무 모종 주위를 호미로 파고서 밀가루처럼 생긴 붕사를 뿌렸다. 그런데 며칠이 지나자 무 모종들이 비실비실 몸살을 앓기 시작했다. 흙 속에 넣고서 갈아야 할 것을 모종 주위에 뿌린 탓이었다. 그래도 매일 저녁 기도하는 심정으로 무밭에 가서 물을 준 덕택인지 모종들이 다시 생기를 띠기 시작했다. 그리하여 무는 그런대로 잘 자라났다.

그런데 이번에는 무를 뽑는 시기가 문제였다. 무도 씨를 늦게 뿌리는 바람에 크게 자라지를 못해서 하루라도 늦춰 뽑아야 했다. 무 뽑는 타이밍을 영감님에게 물었더니, 무는 영하 3도 아래로 기온이 내려가면 얼어서 못쓰게 된다고 일러주었다.

아내와 나는 그때부터 일기예보에 온 신경을 곤두세웠다. 그런데 이게 웬일인가. 따뜻한 날씨가 계속되던 11월 어느 날 밤 뉴스를 보고 있는데, 오늘 밤 기온이 영하 3도 이하로 내려간다는 것이 아닌가. 아내와 나는 급히 옷을 주워 입고 차를 몰아 밭으로 갔다. 우리는 기온이 급강하하는 초겨울 깜깜한 밤에 무밭을 향해 헤드라이트를 켜놓고 허겁지겁 무를 뽑기 시작했다.

7 농사 2년차에 부딪힌 문제들

나는 이듬해에도 농사를 계속했다. 1년 동안 그토록 혼쭐이 났음에도 불구하고 농사를 그만두지 못하고 계속한 이유는 무엇이었을까? 파릇파릇 돋아나는 새싹의 생기 때문이었을까? 아니면 땀흘려 일하고 나서 맛보는 꿀맛 같은 상추쌈 때문이었을까? 아니면 볼품없고 빈약하긴 했지만, 뿌듯한 느낌을 주는 수확의 기쁨 때문이었을까? 그 모든 것이 다 작용했을 테지만, 나는 무엇보다도 흙을 만지는 촉감 때문이었을 것이라는 생각이 든다.

흙이라는 것은 참 묘한 물질이다. 겉보기에는 옅은 갈색의 알갱이들이 뭉쳐져서 그냥 지표 위에 아무렇게나 흩어져 있는 것처럼 보인다. 하지만 그 속에는 오묘하고도 다채로운 세계가 들어있다. 흙은 기본적으로 흙알갱이, 공기 그리고 물로 구성되는데, 흙알갱이는 다시 탄소, 수소, 산소, 질소, 규소, 유황, 구리, 철, 아연 등 60여 가지 성분으로 이루어져 있다. 흙 속에는 지렁이, 쥐며느리, 달팽이, 두더지, 개미, 지네, 노래기 등 수많은 동물이 살고 있다. 또 흙 1그램 속에는 조류(藻類), 사상균(絲狀菌), 방선균(放線菌), 박테리아 등 무려 3,000만 마리의 미생물이 살고 있다. 이 동물들과 미생물들이 흙 속에 들어오는 유기물들을 분해해서 식물에게 필요한 양분을 공급해주는 것이다.

흙에는 냄새가 있다. 삼복더위에 마당에 물을 뿌리면 흙냄새가 난다. 그것은 흙 속의 방선균이라는 미생물이 뿜어내는 냄새다.

나는 콩, 들깨, 옥수수, 고구마 같은 것을 심을 경우 마을사람이 트랙터로 갈아엎어준 흙에다 이랑을 만든다. 그리고 그 위에 검정 비닐로 멀칭을 해서 구멍을 뚫은 후, 씨를 넣거나 모종을 심는다. 그러나 상추, 쑥갓 같은 채소를 심을 때는, 흙 속에 퇴비를 넣고 삽과 쇠스랑으로 흙을 뒤집은 후 쇠갈퀴로 흙덩이를 잘게 부순다. 그러고는 손바닥으로 흙을 쓰다듬어서 평평하게 고른다. 그때 손바닥에 전해져 오는 흙의 촉감이 나를 황홀하게 한다. 보드라우면서도 까슬까슬하고, 메마른 듯하면서도 촉촉한 그 느낌! 그 촉감을 즐기면서 나는 킁킁 코를 벌름거려 흙의 냄새를 맡아보는 것이다.

멋도 모르고 시작했던 첫해 농사는 그야말로 우왕좌왕 허둥지둥하다가 지나가버렸다. 그런데 2년차가 되니까 초보 농사꾼의 무지에서 오는 일들 말고 다른 엉뚱한 문제들이 불거지기 시작했다.

우선 보일러공 안씨의 잡동사니 고물 수집 취미가 문제였다. 그는 부서진 자동차 범퍼를 비롯해서 온갖 쓰레기 같은 고물들을 트럭에 싣고 와서 자신의 우사 옆에 쌓아놓았다. 우리 밭과 그의 우사는 이웃하고 있기 때문에, 그것들이 눈엣가시처럼 거슬렸다. 우사 옆뿐만 아니라 들어오는 길 입구 쪽 빈터도 안씨가 주워온 고물들로 가득 찼다. 밭에서 일을 하다 아래쪽으로 눈길을 돌리면, 아름다운 전원 풍경 대신에 녹슨 금속 쪼가리들과 휘어진 파이프 토막들이 시체처럼 쌓여 있는 것이 보였다. 그 고물들을 눈에 안 띄는 곳으로 옮기는 문제를 가지고 언젠가는 안씨와 크게 한번 붙어야 할 판이었다.

다음으로는 한낮 뙤약볕 아래서의 노동이 문제였다. 농부들은 뜨거운 여름이면 주로 아침과 저녁에 일을 한다. 트랙터 같은 기계를 사용하는 작업은 한낮에도 하지만, 김매기나 삽질과 같이 몸을 움직여서 하는 작업은 조석으로 선선할 때를 이용한다. 하지만 우리처럼 집과 밭이 멀리 떨어져 있는 경우에는 한낮에 일을 할 수밖에 없다. 아침 먹고 집을 나와서 하루 종일 땡볕과 무더위 속에서 일하다가 저녁이 되면 집으로 가야 하는 것이다.

신경정신과 의사인 이규동 박사에 의하면, 무더위는 정신적인 적응 장애를 일으킨다고 한다. 무더위 속에서는 감정적으로 자제력이 약화되어 수치심, 윤리감 등의 고등감정이 둔해지기 쉽다는 것이다. 감정 조절이 잘 안되어 하찮은 일에도 짜증과 신경질을 내게 되며, 조그마한 일을 두고도 주위 사람들과 다투게 된다는 것이다. 또 자제력 저하로 커다란 실수나 사건을 불러일으키는 경우도 적지 않다는 것이다. 그래서 그런지 그 시절 아내와 나는 땡볕 아래에서 일을 하다가 걸핏하면 짜증을 내고 다투곤 했다. 한번은 내가 터무니없는 일로 화를 내는 바람에 아내가 차를 몰고 집으로 가버린 일도 있었다. 뒤늦게 잘못을 깨달은 내가 택시를 타고 집으로 가서 손이 발이 되도록 싹싹 빌었음은 말할 것도 없는 일이다.

애초에 땅을 살 때 나중에 집 지을 것까지 염두에 두었다는 사실은 앞에서 말한 바 있다. 당장은 아니고 훗날 형편이 되면 그래야겠다는 막연한 생각이었다. 그런데 뙤약볕 아래에서 일을 하다 보니 마음이 급해지기 시작했다. 이왕 시작한 농사를 계속할 양이라면 그리고 어차피 전원에서 생활하는 것이 꿈이라면, 하루라도 빨리 집을 지어야겠다는 마음이 꿈틀대기 시작한 것이다. 그러나 그 꿈을 실현하는 것이 거의 불가능에 가깝다는 절망감이 동시에 엄습해왔다.

맹지의 가장 큰 문제는 거기에 집을 지을 수 없다는 것이다. 접근로가 없는 토지에는 건축허가가 나지 않는다. 자동차가 출입하는 데 아무 문제가 없을 정도로 넓은 현황도로가 빤히 나 있어도, 지적도에 도로가 없는 땅에는 집을 지을 수가 없다. 뿐만 아니라 설사 도로가 있다 하더라도 소방도로법이 또 문제가 된다. 소방도로는 그 땅이 도시계획지역 안인지 밖인지에 따라서, 그리고 통과도로인지 막다른 도로인지에 따라서, 확보해야 하는 도로의 폭이 달라진다. 도시계획지역 안일 경우, 통과도로는 4미터의 폭을 확보해야 한다. 막다른 도로는 그 길이에 따라서 달라지는데, 10미터 미만은 2미터를, 10미터 이상 35미터 미만은 3미터를, 35미터 이상은 6미터(읍면 지역은 4미터)를 확보해야 한다.

막다른 도로의 폭을 그 길이에 따라 달리 지정한 것은 소방차의 진입을 염두에 둔 조치라고 한다. 10미터까지는 소방호스만으로 화재진압이 가능하다고 판단한 것이고, 35미터까지는 소방차량이 진입한 후 후진으로 빠져나올 수 있는 길이로 판단한 것이며, 35미터 이상은 소방차량을 돌려서 나와야 하므로 최소한 6미터 폭이 필요하다고 판단한 것이다.

8 맹지에 집을 짓는다?

내가 집을 짓고 싶어 한다는 사실을 알게 된 영감님은, "그렇다면 연구를 한번 해봐야지. 내가 집을 지었던 10년 전만 해도 법이 좀 허술했어. 그래서 나는 공무원한테 사바사바를 좀 했지. 그런데 요새는 그게 잘 안 통할 거야. 그러니까 정식으로 길을 낼 수밖에 없는데⋯. 글쎄, 그게 쉽지는 않을 거야" 하면서 나의 걱정에 기꺼이 동참해주었다.

현황도로는 있지만 지적도에 길이 없으면, 큰길에서 그 땅까지 이르는 길(현황도로)의 토지 소유주들로부터 해당하는 만큼의 땅을 사든지, 아니면 토지사용 승낙서를 받아야 한다. 그러나 그것은 둘 다 거의 불가능에 가까운 일이다. 길로 들어가는 땅은 모양이 길쭉할 수밖에 없다. 시골 땅이라는 게 네모반듯한 게 잘 없고 대부분 삐뚤빼뚤하기 마련이다. 따라서 땅의 일부를 길로 내주면, 땅 전체의 모양이 우습게 되기 십상이다. 그래서 '길 값은 시세의 열 배'라는 말이 나온다. 그나마도 현황도로에 걸려 있는 땅의 소유주가 한두 명이라면, 찾아가서 사정이라도 해볼 수 있다. 하지만 우리 땅의 경우처럼 현황도로 길이가 250미터나 되고, 거기에 걸려 있는 땅 소유주가 여럿이라면 무슨 재주로 그걸 다 매입하겠는가! 돈을 주고 사는 것도 힘든 일인데, 그냥 공짜로 사용 승낙을 받는 것은 더더욱 힘든 일이 아니겠는가!

현황도로 말고 우리 땅에 접근할 수 있는 방법이 또하나 있기는 했다. 영감님 집 앞쪽의 작은 도랑 옆에 있는 땅이 곧 그것인데, 그 땅은 영감님 소유였다. 큰길에서 그 도랑 직전까지는 골목길이 나 있었고, 골목길 좌우로는 집들이 들어서 있었다. 영감님이 연구를 해보겠다고 한 것도 그 도랑 옆의 땅을 염두에 두었기 때문이었다. 그런데 거기에는 한 가지 걸림돌이 있었다. 그 골목길 끝과 도랑 옆의 땅 사이에 한 100평쯤 되는 빈 땅이 있었다. 도로가 나기 위해서는 그 소유주의 사용 승낙서가 필요했다. 나를 이웃으로 삼고 싶은 영감님이 이 문제를 해결하기 위해 발 벗고 나섰다.

"그 땅 주인을 만나면 돼…. 내가 한번 알아볼게."

그러나 이마저도 불가능한 것으로 판명이 났다. 영감님이 수소문해본 결과, 그 땅 소유주가 미국에 있고 전혀 연락이 닿지 않는다는 것이었다.

여기서 한 가지 짚고 넘어가야 할 것이 있다. 흔히 시골길의 경우 시멘트 포장이 되어 있으면, 그것은 공로(公路)로 인정되어 소유주의 사용 승낙서를 받지 않아도 된다고들 말한다. 그러나 그것은 면, 읍, 리 등의 공식 기관이 포장을 했을 경우에만 해당되는 사항이다. 그리고 그들 기관에서는 공사를 시작하기 전에 반드시 땅 소유주들에게서 사용 승낙서를 받아놓는다.

내가 세 번째로 땅을 보러 다닐 때의 일이다. 한 부동산에서 반송저수지 부근에 좋은 땅이 났다는 연락을 해왔다. 한 500평쯤 되는 정남향의 땅이었다. 저수지가 내려다보이고, 저수지 건너편으로는 울창한 소나무 숲이 바라보이는 경치 좋은 땅이었다. 그 땅 옆으로는 자동차 교행이 가능할 정도로 폭이 넓은 시멘트 포장도로가 나 있었다. 국도에서 그리 멀지 않은 곳에 위치해 있고, 땅 모양도 잘생겨서 몹시 탐이 나는 땅이었다. 문제는 도로와 땅이 1미터 이상의 높이로 층이 져 있다는 것이었다. 큰 공사를 해야 길이 날 수 있었다. 뿐만 아니라 경사를 완만하게 하려면 50평 정도의 땅이 길로 들어가야 하고, 그렇게 되면 땅 모양도 우습게 될 판이었다.

그런데 그 땅과 인접해 있는 땅에는 시멘트 포장이 되어 있는 접근로가 있었다. 그 접근로를 이용할 수만 있다면, 공사를 조금만 해도 그 땅으로 통하는 길이 날 수 있게 되어 있었다. 어떻게 해서든 중개를 성사시켜서 중개수수료를 받아 챙기고 나면 그 뒷일에 대해서는 아무런 책임이 없는 부동산 중개사가 말했다.

"저 접근로를 이용하면 길 문제는 해결이 되겠네요. 시멘트 포장이 되어 있으면 주인에게서 사용 승낙서를 안 받아도 돼요."

부동산 중개사에게 한번 속아본 경험이 있는 내가 말했다.

"혹시 모르니까 제가 알아보고 연락을 드릴게요."

나는 그날부터 '정말 시멘트 포장이 되어 있으면 토지사용 승낙서가 필요 없는지'를 알아보기 위해 여기저기 수소문을 해보았다. 한 지기(知己)가 시청 근방에 있는 모 건축사무소 소장을 찾아가보라고 했다. 그 건축사는 공대 건축과를 졸업하고 10년간 시청 공무원 생활을 하다가 건축사 시험에 합격하여 건축사무소를 차린 사람이었다.

그는 바쁜 와중에도 나를 친절하게 맞아주었다. 내가 정말 시멘트 포장이 되어 있으면 토지사용 승낙서가 필요 없는지를 물어보기 위해 찾아왔노라고 했더니, 그는 "부동산 중개사들은 흔히 그렇게 얘기하는 모양인데, 그건 말도 안되는 얘기예요. 생각해보세요. 자기 땅 편하게 쓰기 위해 자기 돈 들여서 포장을 했는데, 그걸 남이 마음대로 써도 된다는 게 말이 되겠어요? 반드시 사용 승낙서를 받아야 돼요" 하고 명쾌하게 결론을 내려주었다.

아무튼 그 100평 땅의 임자를 만나는 일이 수포로 돌아가자, 집을 짓는 것은 사실상 불가능한 일이 되었다. 그렇다고 해서 그 땅을 팔고 다른 데다 집을 짓는다는 것은 더더욱 불가능한 일이었다. 맹지인지 잘 알아보지도 않고 땅을 덥석 사버리는 나 같은 바보가 이 세상에 또 있을 턱이 없기 때문이다. 아내와 나는 느긋하게 생각하기로 작정을 했다. "10년이고 20년이고 지내다 보면 무슨 변화가 생겨서 길이 날 수도 있을 거야. 그때까지는 슬슬 농사나 지으면서 유유자적하게 살아야지."

그런데 그 변화가 의외로 빨리 찾아왔다.

9 그 맹지가 '알박이'인 줄도 모르고

집을 짓는 일은 포기한 채 묵묵히 주말농사만 계속하기를 4년째 하던 해였다. 한여름 더위가 맹위를 떨치던 어느 날, 나는 숨이 턱턱 막히는 찜통더위 속에서 하루 종일 일을 했다. 그러고는 집으로 돌아오면서 생각했다. '이대로는 도저히 못해먹겠다. 살 사람이 있든 없든 땅을 내놓아보기라도 해야지. 밑져 봐야 본전 아닌가. 부동산에 땅 내놓는다고 뭐라 할 사람이 있겠는가.' 나는 거리에서 지역정보지를 몇 부 집어 들고 집으로 왔다.

저녁을 먹고 나서 지역정보지를 뒤져 부동산 중개소를 10여 군데 골라 명단을 작성했다. 다음 날 나는 내가 고른 중개소에 일일이 전화를 걸어 땅을 내놓았다. 몇몇 중개소에서는 지적도상에 도로가 있는지를 물어왔다.

"아니요, 맹지예요."

"하아, 그러면 팔아먹기 쉽지 않을 텐데…."

아닌 게 아니라, 땅을 내놓고 수개월이 지나도록 통 소식이 없었다. 그래서 나는 '그러면 그렇지, 나 같은 바보가 또 있을라고…. 에이, 세월이 가다 보면 무슨 변화가 생기겠지' 하고, 내가 느긋한 사람이라도 되는 양 자위할 수밖에 없었다.

내가 땅을 내놓았다는 사실조차 까맣게 잊고 있던 어느 날이었다. 웬 여자가 내 연구실로 전화를 걸어왔다.

"부동산인데요, 지금 좀 찾아뵈어도 될까요?"

"부동산이요? 부동산이면…. 아하, 참, 내가 작년에 땅을 내놓았었지. 그러세요. 여기 한림대 중앙관 ○○호실이에요."

잠시 후 웬 중년 여자 둘이 내 연구실로 들이닥쳤다. 공인중개사 시험이 실시된 후로 여성 중개사 수가 대폭 늘어났다는 얘기는 들은 적이 있었다. 여자 중개사들이 남자 중개사들보다 더 **빠릿빠릿**하다는 소리도 들은 적이 있었다. 하지만 이렇게 대학 연구실에까지 쳐들어오는 적극성에는 감탄을 금할 수가 없었다. 그중 언니라고 불리는, 대표처럼 보이는 여자가 명함을 내밀면서 말했다.

"작년에 지내리 90번지 땅 내놓으셨죠? 얼마에 내놓았죠?"

"평당 15만원이요. 하지만 그 땅은 맹진데…"

"상관없어요. 평당 13만 5,000원씩 쳐드릴게요. 됐죠?"

나는 전혀 예상치 못한 제의에 적잖이 당황했고, 혹시 사기를 당하는 것이 아닌가 하는 의심도 들었다. 그러나 팔기를 완전히 포기하고 있던 땅을 사겠다는데 뭘 더 망설이겠는가.

"좋아요. 그럼 계약을 하지요. 내가 학교 끝나고 부동산으로 갈까요?"

"아뇨. 지금 여기서 해요. 교수님 컴퓨터 좀 써도 될까요?"

그녀는 내 컴퓨터에서 대법원 인터넷 등기소에 접속하더니, 우리 땅 등기부등본을 다운로드 받아 내 프린터로 인쇄를 했다.

"네, 아무 이상이 없네요. 계약금 500만원 부쳐드릴게요. 계좌번호 좀 불러주세요."

내가 계좌번호를 불러주자, 그녀는 자신의 핸드백에서 핸드폰을 꺼내어 "뚜뚜뚜뚜" 하고 자판을 눌렀다.

"됐어요. 컴퓨터로 확인해보세요."

내가 은행계좌로 접속을 해봤더니, 500만원이 입금되어 있었다.

"잔금은 사흘 뒤에 드릴게요. 그때는 저희 사무실로 나오셔야 해요. 다른 서류는 제가 다 준비해놓을 테니까 교수님은 인감도장과 등기권리증만 갖고 나오시면 돼요. 아 참, 이 땅은 우리가 사는 것이니까 중개수수료는 안 내서도 돼요. 좋죠?"

이렇게 해서 나는 귀신에 홀린 듯 그 원수 같은 맹지를 팔아넘겼다. 10년, 20년 장기전으로 기다리겠다고 작정했던 땅을 불과 5년 만에 처분하게 된 것이다. 이 얼마나 홀가분한 일인가! 그런데 이상한 것은 내 마음 한구석에 뭔가 찜찜한 느낌이 남아있다는 사실이었다. 나는 잔금을 받고 나서 아내에게 이렇게 말했다.

"내가 운이 좋은 거야, 아니면 그 여자들이 바보인 거야? 그 여자들이 보통내기로 보이지는 않던데, 맹지를 사들인 데는 필시 이유가 있겠지?"

"이유야 있든 말든 우리가 사기를 당한 것도 아닌데 무슨 상관이에요?"

"그래, 편하게 생각하지 뭐."

몇달 뒤, 나는 아내와 함께 지내리 근방을 지나가다가 지금은 어찌 되어 있나 하고 궁금한 생각이 들어서 옛 땅에 한번 들러보았다. 아, 눈앞에 놀라운 광경이 펼쳐지고 있었다. 큰길에서 그 땅으로 들어가는 중간에 위치해 있는 밭들이 '개발'이 되어서, 주택들이 들어서고 있었다. 영감님한테 물어보니 우리 땅 뒤쪽 땅도 팔려서 곧 집들이 들어설 거라고 했다. 의문이 비로소 풀렸다. 그 여자들이 매수하러 왔을 때의 내 땅은 이미 맹지가 아니라 소위 말하는 '알박이'였던 것이다!

내가 한숨을 쉬면서 말했다.

"아, 역시 나는 세상일에는 젬병이야. 그러게, 이상한 느낌이 들더란 말이야. 그때 덜렁 팔 게 아니라 잘 알아보고 파는 건데. 알박인 줄 알았으면 값을 좀더 받을 수 있었는데."

아내가 말했다.

"아이고, 그럼 당신 교수 안하고 기획부동산 했게요. 됐어요. 그만 가요."

10 전원생활 꿈꾸는 교수들

4년 동안의 지내리 주말농사는 고생도 많았지만 즐거운 일도 많았다. 예컨대 한여름에 팥죽 같은 땀을 흘리면서 일을 한 후에, 농사 동호인들끼리 저녁 먹고 맥주 한잔하는 것은 큰 즐거움 중의 하나였다. 내가 주로 어울리는 사람들은 일본학과의 남근우 교수와 철학과의 손병홍 교수였다. 남 교수가 만천리에 마련한 땅에 손 교수가 영농 파트너가 되어주고 있었다.

남 교수가 소유한 땅은 500평 남짓 되었지만, 그들이 짓는 평수는 100평도 채 되지 않았다. 두 쌍의 부부가 짓는 평수가 그 정도이니, 냉정하게 말하면 주말농사의 수준을 겨우 벗어났다고나 할까. 그런데도 술자리에서는 웬 농사 이야기가 그렇게 많았던지!

게다가 기분이 고조되면 술자리는 노래방까지 이어지기가 일쑤였다. 농사의 피로를 풀기 위해서 술을 마시는 것인지, 술을 마시기 위해서 농사를 짓는 것인지가 헷갈릴 지경이었다. 주말 오후에 서너 시간 밭에서 일하고 그 뒤풀이는 대여섯 시간을 끌었으니 말이다. 어쨌든 우리 세 부부가 그렇게 의기투합할 수 있었던 것은 무엇보다도 아내들이 농사일에 적극적이었기 때문이었다.

대학교수들 중에는 땅을 사서 농사를 짓고 싶어 하는 사람들이 꽤 있다. 밤낮, 주야로 연구실이나 실험실에 틀어박혀 살다 보니 갑갑한 마음이 들어서일까? 아니면 '무항산(無恒産)이면 무항심(無恒心)'이라는 맹자의 설파가 연구와 농사에 일맥상통하기 때문일까? 그래서 그런지 심지어는 대도시 소재 대학의 교수들 중에도 근교에 작은 별장 같은 것을 지어놓고 텃밭농사를 하고 싶어 하는 사람들이 더러 있다고 들었다.

동료로 지내다가 서울대로 자리를 옮긴 사회학자 송호근 교수는 그런 소망을 실천에 옮긴 사람 중의 한 사람이다. 그는 오래전에 박근갑 교수가 살고 있는 송암리에 땅을 사서 집을 지었고, 그것을 집필실로 이용해오고 있다. 그는 그의 저서 수십 권 중에서 상당수를 송암리에서 집필했다. 서울에서 왕래하기가 쉬운 일이 아닐 텐데, 그는 틈만 나면 송암리에 내려오곤 한다. 아마 흙냄새를 맡아야 그의 인문학적 상상력이 가동되는 모양이다.

우리 대학교에도 주말에 흙냄새를 맡고 싶어 하는 교수들이 꽤 있다. 그런데 실제로 땅을 사서 농사를 짓는 교수의 수는 생각만큼 많지가 않다. 돈이 없어서일까? 아니다. 시골 논밭의 땅값은 별로 비싸지가 않다. 몇 년만 적금 부으면 한 300평 정도의 땅은 어렵지 않게 마련할 수가 있다. 교수들이 땅을 사서 주말농사를 할 수 있느냐, 나아가서는 시골에 집을 짓고 전원생활을 할 수 있느냐의 관건은 오로지 그 부인들에게 있다. 꼭 대학교수 부인뿐만 아니라 대체로 여성들은 농사일을 싫어하는 경향이 있다. 10평짜리 주말농장이야 취미로 한다지만, 100평이 넘는 큰 땅을 건사하는 것은 취미생활의 범위를 훨씬 넘어서는 일이다.

여성들이 농사일을 싫어하는 것은 무엇보다도 그것이 우아함과는 거리가 멀기 때문일 것이다. 나이 고하를 막론하고 곱게 화장하고 치장하는 것이 여성의 본성 아니던가. 흙투성이 복장에다 땀

투성이 얼굴을 피할 수 없는 것이 농사일인데, 그것을 좋다 할 여성이 몇이나 되겠는가. 게다가 시골에 들어가서 촌사람까지 되어야 한다는 것은 그야말로 '가까이하기엔 너무 먼 당신'이 아니겠는가.

시골에 살려면 문명생활의 편리함과 문화생활의 품격을 많은 부분 포기해야 한다. 형광등 하나를 사려고 해도 차를 타고 나가야 하는 것이 시골생활이다. 우리 대학교의 땅 가진 교수들 중에서도 막상 시골에 집을 짓고 들어간 사람은 나와 사학과 박근갑 교수 그리고 유전공학과 위세찬 교수 등 세 명뿐이다. 그것만 봐도 전원생활의 꿈을 이루기가 얼마나 힘든 일인가를 알 수 있다.

강원대 신모 교수의 소원은 자신이 밭일을 할 때 부인이 곁에 있어주는 것이었다. 같이 일을 하자는 것이 아니라, 가끔 밭에 나와 앉아서 자신이 일하는 모습을 가만히 지켜보기만 해달라는 것이었다. 그러나 신 교수 부인은 남편의 그 소원을 들어주지 않았다. 햇볕 알레르기가 있어서 야외생활을 할 수 없다는 것이 그 이유였다. 신 교수는 일손이 필요할 경우 인력시장에서 사람을 사서 썼다. 얼마나 김빠지는 일이었겠는가? 신 교수는 결국 땅을 팔아버렸다.

사정이 이럴진대 남근우 교수의 부인 및 손병홍 교수의 부인과 나의 아내가 기꺼이 농사일에 동참해준 것은 그야말로 '넝쿨째 굴러온 호박'이 아닐 수 없다.

그런데 여기서 한 가지 덧붙이고 싶은 것은, 같은 농사라도 제 땅에서 짓는 것과 남의 땅에서 짓는 것은 차원이 다르다는 사실이다. 농사를 짓다 보면 새로 심어보고 싶은 농작물이 생기기도 하고, 새로 시험해보고 싶은 영농법이 생기기도 한다. 그러나 남의 땅에서 파트너로 농사를 할 경우 그런저런 시도가 사실상 불가능하다. 아무래도 땅 주인이 하자는 대로 따라갈 수밖에 없다. 그리고 수확물을 분배하는 문제에서도 자칫 잘못하면 서운한 일이 생길 수가 있다.

꼭 그래서 그런 것은 아니었겠지만, 손 교수도 은근히 자기 땅을 가지고 싶어 하는 눈치였다. 그러던 차에 내가 땅을 팔았다는 소리를 들은 손 교수는 "다시 땅을 살 거지요?" 하고 물었다.

"그럼요. 이번에는 꼭 제대로 된 땅을 살 거예요."

"그러면 우리 같이 땅 보러 다녀요."

"손 선생도 땅을 사게요? 부인하고는 합의된 일이에요?"

"그럼요. 그 사람이 더 사고 싶어 하는 걸요."

"그리되면 남 선생이 좀 서운해할 텐데…."

이리하여 우리 부부와 손 교수 부부는 주말마다 땅을 보러 다니기 시작했다.

제2부

팔미리 시절

영농교본들의 문제점은, 무엇보다도 이런 지역
편차가 전혀 고려되어 있지 않다는 데 있다. 각
작물별 파종(播種) 시기와 정식(定植) 시기가 나
와 있기는 하지만, 강원도 인제와 경남 남해의
그것들이 어떻게 같을 수가 있겠는가?
(…) 우리는 날씬한 체형의 들깨들이 숲을 이룬
모습을 바라보면서 흐뭇한 미소를 지었다. 그
런데 지나가던 동네 할머니 한 분이 우리 밭에
들렀다가 키 큰 들깨들을 보고 알 듯 모를 듯한
한마디를 남기고 가셨다.
"어떻게 된 게, 들깨들이 허우대만 멀쩡하네."

1 '제대로 된 땅'의 조건

내가 손병홍 교수에게 말한 '제대로 된 땅'이란 어떤 땅일까? 땅을 한번 사본 나의 경험과 인터넷에 나와 있는 정보들을 종합해보면, 다음과 같이 정리해볼 수 있을 것 같다.

그 첫 번째 조건은 말할 것도 없이 맹지가 아니어야 한다. 땅을 고를 때에는 반드시 지적도상에 진입로가 있는지를 확인해야 한다. 누차 말했지만, 적법한 진입로가 없으면 집을 지을 수가 없다. 아무리 조망이 좋고 가격이 싸다고 하더라도 진입로가 없으면 미련 없이 포기해야 한다. 또 진입로가 있다 하더라도, 자동차의 교행이 가능한지도 문제가 된다. 시골길의 노폭이라는 게 옛날에는 달구지 하나 지나갈 정도였다. 그걸 약간 넓혀서 시멘트로 포장을 하다 보니 대부분 1차선이 될 수밖에 없다. 큰 도로에서의 거리가 20~30미터 정도로 짧으면 별문제가 안될 수도 있다. 그러나 대향차(對向車)와 맞닥트릴 경우 몇십 미터씩 후진을 해야 한다면 이건 예삿일이 아니다. 하루 이틀도 아니고 매일매일 그런 곤욕을 치른다는 것은!

둘째, 주변에 혐오시설이나 환경오염 시설이 없어야 한다. 공장, 광산, 고속도로 주변, 축사, 도살장, 화장터, 공동묘지, 고압선 부근, 농약을 살포하는 과수원 인근, 대형 트럭 진출입로 등은 절대로 피해야 한다. 그런데 여기서 주의할 것은 경관에 이끌려서 그런 시설들이 눈에 들어오지 않을 수도 있다는 점이다. 예컨대 지금의 우리 동네에 사는 어느 할머니의 탄식은 우리가 타산지석으로 삼을 만한 일이다. 그분은 땅을 보러 왔다가 마을 가운데 있는 지금의 집터가 너무나 마음에 들었다. 남향에다가 조망도 좋아 망설임 없이 그 땅을 사서 집을 지었다. 그런데 집을 짓고 보니까 인근에 우사가 두 개나 있더라는 것이다. "땅을 살 때는 그런 게 눈에 안 띄었거든. 그때는 내 눈에 뭐가 씌었던가 봐."

셋째, 배산임수의 지형이면 무조건 매입해도 좋다는 선입견을 버려야 한다. 산을 등지고 물을 볼 수 있는 땅이면 대체로 좋은 땅일 가능성이 크다. 그러나 산에 너무 가까우면 산사태의 우려가 있고, 물에 너무 가까우면 수해나 습기로 인해 피해를 입을 수가 있다. 좋은 배산임수의 지형이란 뒷산은 완만하게 경사가 져 있고, 물은 저 멀리 보이는 곳임을 명심해야 한다.

넷째, 될 수 있으면 강변, 골짜기, 계곡 주변을 피해야 한다. 경관에 눈이 멀어 그런 곳을 택하게 되면, 여름 장마철이나 태풍이 올 때 안전에 위협을 받게 된다. 지대가 낮으면 침수의 위험이 있고, 지대가 높으면 산사태의 위험이 있으며, 강 주변일 경우 토지 유실 등 수해의 위험이 있다. 특히 냇가에 있는 땅을 살 때는 반드시 측량을 해보고 사야 한다. 굽이쳐 흐르는 냇물은 여름에 큰물이 질 때 물줄기가 크게 바뀔 가능성이 높다. 나는 어느 부동산에서 기가 막힌 이야기를 들은 적이 있다. 어떤 사람이 물줄기가 아름답게 굽이쳐 흐르는 어느 냇가의 풍경이 마음에 들어서 나중에 집을 지을 요량으로 그곳의 땅을 샀다. 지적도는 확인했으나 측량을 하지 않은 것이 문제였다. 몇년 후 집을 지으려고 측량을 해보니, 자기 땅이 내의 한가운데에 있더라는 것이다.

다섯째, 대지 모양과 대지 방향을 잘 파악해야 한다. 집을 지을 때는 대지의 모양에 따라 설계 계획을 잡게 된다. 집의 형태는 대지의 모양에 좌우될 수밖에 없다. 대지의 방향은 남향이나 동남향을 제일로 친다. 이는 일조량과 밀접한 관계가 있으며, 집을 설계할 때 각 실의 배치에도 중요한 영향을 미친다. 여름에는 시원하고 겨울에는 따뜻한 집이 될 수 있는지의 여부를 잘 따져봐야 한다. 집이 어느 방향을 취하느냐에 따라서 냉난방비에 큰 차이가 날 수 있기 때문이다.

여섯째, 자신에게 맞는 건축 평수를 미리 정하고 땅을 사야 한다. 단독주택을 꿈꾸는 사람들의 대부분은 넓은 정원과 텃밭을 염두에 두기 마련이다. 따라서 땅을 구입하기 전에 대략적인 건축 평수, 정원 평수, 텃밭 평수 등을 먼저 정하고, 그에 맞는 크기의 땅을 구입해야 한다. 땅이 너무 크면 나중에 관리하기가 힘들고, 너무 작으면 전원생활의 낭만을 누릴 수 없기 때문이다.

내가 이런 조건들을 늘어놓자, 손 교수는 거기에 한 가지 조건을 덧붙였다.

"나중에 팔게 될 경우를 고려해서 투자가치도 따져보아야 해요."

하지만 그것은 사실상 우리 접장들의 능력을 넘어서는 요소이다. 시세 차익을 얻으려면 개발예정지 같은 곳을 사야 하는데, 우리가 무슨 재주로 개발정보를 입수하겠는가. 그래서 나는 말했다.

"내가 말한 조건들만 만족시켜도 최소한 손해는 안 보겠지요."

사실은 위의 조건들 말고도 변수가 하나 더 있다. 사방이 산으로 둘러싸인 아늑한 땅을 살 것인가, 아니면 앞이 툭 트인 시야가 넓은 땅을 살 것인가가 그것이다. 이것은 개인적인 취향의 문제라서 혼자서 땅을 살 때는 문제가 되지 않는다. 그러나 우리처럼 둘이 함께 땅을 보러 다닐 때는 커다란 변수로 작용할 가능성이 높다. 다행스럽게도 우리는 그 문제로 견해가 엇갈리지는 않았다. 손 교수네나 우리네나, 전망이 툭 트인 '오픈 힐'을 굳이 선호하지는 않았기 때문이다.

  실제로 땅을 보러 다니다 보니까, 위의 조건들을 다 갖춘 땅은 찾기가 힘들었다. 좀 괜찮다 싶은 땅도 자세히 보면 한두 가지 조건이 꼭 결여되어 있기 마련이었다. 게다가 우리는 땅을 사서 반씩 나누어 집을 짓기로 합의를 보았기 때문에, 땅 모양이 특히 문제가 되었다. 앞뒤로 길쭉하게 생긴 땅은, 그것을 둘로 나누자면 앞 땅에서 뒤 땅으로 갈 도로를 내주어야 한다. 그렇게 되면 땅 모양이 우습게 되기 십상이다. 그래서 우리는 옆으로 길쭉하게 생긴 땅을 찾을 수밖에 없었는데, 그런 땅 찾기가 어디 쉬운 일인가.

2 땅 보러 다니는 재미

손병홍 교수 부부와 우리 부부는 거의 매주 주말에 춘천 근교의 땅을 보러 다녔다. 손 교수는 물론 땅 보러 다니는 것이 처음이었다. 나 또한 첫 번째 땅을 엉겁결에 단 한 번 만에 샀던 터라, 땅 보러 다니는 데는 처음이나 진배없었다. 집을 사기 위해 집을 보러 다니다 보면, 보통 한 주에 20여 채 정도는 거뜬하게 본다고 한다. 그래서 한 달이면 100채 정도의 집을 보게 된다고 한다. 우리의 땅 탐색도 그와 비슷했다. 다른 점이 있다면, 땅 탐색은 그 범위가 넓어 거의 여행 수준이라는 것이다.

우선 지도를 보고 지역을 고른다. 지역을 선택하는 주된 기준은, 집을 지을 것이기 때문에 학교에서 출퇴근이 가능한지의 여부이다. 승용차로 30분이 넘게 걸리면 곤란하다. 그리고 반드시 버스가 다니는 곳이라야 한다. 남자들이 차를 가지고 출근한 후 여자들이 발이 묶이면 안되기 때문이다. 두 집이 공동으로 자가용 한 대는 남자들 출근용으로 쓰고, 한 대는 여자들 가사용으로 집에 두면 될 것 아니냐고 반문할지 모른다. 그러나 그렇게 되면 모든 생활이 교통에 얽매이게 된다. 더구나 혹 출근은 같이 한다 하더라도 ─ 사실상 교수들은 서로 출근시간도 맞추기가 힘들다 ─ 퇴근시간 때는 또 어떻게 할 것인가. 게다가 손 교수네에는 아직 학교에 다니는 학생이 한 명 있어서 버스 운행은 필수 조건이었다. 우리의 이런 기준에 맞추려면 학교에서 반경 15킬로미터 이내에 있는 지역이어야 했다. 앞서의 박근갑 교수가 사는 곳은 사북 면 송암리인데, 학교에서 거리가 20킬로미터쯤 되고, 시간상으로 는 승용차로 30분 넘게 걸리는 곳이다. 그 집에도 학생이 한 명 있 지만 다행히 버스가 자주 다녀서 통학에는 별 지장이 없다고 한 다. 하지만 박 교수 역시 시골생활에서는 교통이 가장 큰 불편사 항이라는 점을 인정했다. 술자리가 있는 날엔 어쩔 수 없이 대리 기사를 부르는데, 목적지가 춘천시내도 아니고 20킬로미터쯤 떨 어진 시골지역이어서 수고비를 2만원씩 주고 다닌다고 했다.

아무튼 우리는 주말에 특별한 일이 없으면 땅 탐색 투어를 다녔 다. 나는 땅 보러 다니는 것이 그렇게 재미있는 줄은 몰랐다. 우선 시골 구석구석을 구경하고 다니는 재미가 쏠쏠했다. 평소 시골지 역을 지나갈 때 논밭이야 많이 봤지만, 땅을 사기 위해서 논밭을 보는 것과는 차원이 달랐다. 이런 일이 아니었더라면 생전 가보지 못했을 동네들을 하나하나 구경하고 다니는 것도 큰 즐거움이었 다. 그리고 덤으로 구수한 촌 음식을 맛볼 수 있는 숨은 맛집들을 찾아내는 재미도 무시할 수 없었다.

우리의 투어는 대체로 다음과 같은 식으로 이루어졌다. 우선 지 도에서 골라낸 지역으로 가서 부동산 중개소에 들른다. 버스가 다니 는 동네인지를 먼저 확인하고, 우리가 원하는 땅의 조건을 말한다.

"우리 두 집이 같이 땅을 사서 전원주택을 지으려고 해요. 되도 록 옆으로 양분할 수 있는 땅이었으면 좋겠어요. 땅 크기는 한 800평 안팎이구요."

"가격은 어느 정도를 생각하고 계시나요?"

"평당 15만원에서 20만원이요."

중개사는 그 조건에 대충 들어맞는다고 생각되는 땅을 몇 군데 보여준다. 한 중개소에서 보여주는 땅은 대체로 네댓 개 정도이다. 너무 많이 보여주면 헛갈려서 도리어 판단에 방해가 된다면서 그 이상은 잘 보여주지 않는다. 중개소 한 군데서만 안내를 받아도 오전 한때가 훌쩍 지나간다.

"땅 구경 잘했습니다. 생각해보고 연락드릴게요. 그런데 이 근방에 점심 먹을 만한 식당이 있나요?"

"있다마다요. 저기 가면 토종닭 잘하는 집이 하나 있어요. 놓아 기른 닭들이라 살코기가 아주 쫀득쫀득해요. 집에서 직접 빚은 막걸리 맛도 기가 막히고요."

중개사가 소개해준 식당은 대체로 실패가 없다. 대부분의 중개사는 그 지역의 모든 사정을 훤히 꿰뚫고 있기 때문이다. 대개는 허름한 집이지만, 허름한 만큼 더 깊은 맛이 난다. 개중에는 간판이 없는 집도 더러 있는데, 땅 투어 같은 것을 하지 않고서야 어떻게 그런 집을 알고 찾아가겠는가?

점심을 먹고 나면 오후에 두 군데 정도의 중개소에 더 들를 수가 있다. 해가 저물면 우리는 춘천으로 돌아온다. 그냥 헤어질 리가 없다. 저녁 먹고 맥주 한잔하면서 그날 하루 구경한 땅들에 대한 품평회를 가지는 것도 큰 즐거움 중의 하나이다.

아마 3월 초였을 것이다. 우리는 남산면 강촌에 있는 한 중개소에 들렀다. 나이 지긋해 보이는 중개사는 여느 중개사들과는 좀 색다른 풍모를 지니고 있었다. 그는 중학교 교장으로 정년퇴직을 한 후, 뒤늦게 공인중개사 시험에 합격하여 부동산 중개소를 개업한 사람이었다. 그의 안내로 우리는 남산면 일대 몇 군데를 둘러보았다. 이번에도 역시 마음에 드는 땅이 없었고, 어느새 점심때가 되어 있었다. 그래서 중개사에게 물었다.

"이 근방에 점심 먹을 만한 식당이 있나요?"

"가만있자, 아, 소주고개 가는 데 손두부 잘하는 집이 하나 있어요."

"별일 없으시면 사장님도 같이 가시지요."

우리는 그 퇴직 교장과 함께 점심을 먹으면서, 우리 두 부부가 함께 땅을 보러 다니게 된 경위와 목적을 상세히 이야기했다. 중개사가 갑자기 생각난 듯이 말했다.

"아, 그렇다면 팔미리에 있는 그 땅에 한번 가봅시다. 두 댁이 전원주택 짓고 살기에 딱 좋은 땅이에요."

3 다리도 없는 '개울 건너 땅'을

　우리는 점심을 먹자마자 중개사와 함께 춘천시 신동면 팔미리에 있는 그 땅을 보러 갔다. 서울에서 춘천으로 오다가 의암터널 못 미쳐서 오른쪽 샛길로 빠져 1.5킬로미터쯤 남쪽에 있는 땅이었다. 도로는 차량의 교행이 가능할 만큼 넓어서 합격점이었다. 가는 도중에 버스도 한 대 만났으니, 버스가 다니는 것도 분명했다.

　현장에 도착해 보니 얼른 보기에 배산임수의 지형이었다. 그러나 내가 '제대로 된 땅'에서 강조했던 배산임수의 조건과는 거리가 멀었다. 뒷산은 '완만하게 경사가 지는' 대신 가팔랐고, 물은 '저 멀리 보이는' 대신 땅에 바짝 붙어있었다. 뒷산과 앞개울 사이에 옆으로 길게 밭들이 늘어서 있는 형국이었다. 남동쪽을 바라보고 있는 그 밭들의 폭은 평균해서 20미터 정도 된다고 할까. 중개사가 소개한 그 580평의 땅은, 그것을 반으로 나누었을 때 앞뒤 폭이 왼쪽은 30미터쯤, 오른쪽은 20미터쯤 되어 보였다. 그러니까 땅을 양분하면 왼쪽은 앞뒤 폭이 약간 긴 모양이 될 터이었고, 오른쪽은 좌우 폭이 더 긴 모양이 될 터이었다.

　그 땅으로 가기 위해서는 긴 통나무들을 굵은 철사로 엮어서 만든 좁다란 다리를 건너야 했다. 통나무 다리는 개울 폭이 가장 좁으면서 건너편에 바위가 있는 지점에 걸쳐져 있었다. 다리를 건너가 그 땅에 서서 앞을 바라보았다. 건너편 약 200미터쯤 떨어진 곳에 솟아있는 산이 시야를 가로막았다. 그러니까 골짜기 안에 들어있는 땅인 셈이었다. 남동향이라 오전에는 햇볕이 잘 들 테지만, 오후에는 일찍 그늘이 지게 되어 있었다.

땅의 폭은 옹색했지만 개울의 폭은 넓은 편이었다. 중개사의 말에 의하면 뒷산들이 깊어서 여름철엔 수량이 많고, 갈수기에도 물이 마르는 일이 없다고 했다. 개울 바닥에는 큰 돌들과 작은 자갈들 그리고 모래가 깔려 있었고, 개울가에는 키 큰 나무들이 늘어서 있었다. 아직 하천정비사업이 안된 개울이어서 옹벽이 쳐 있지 않았다. 따라서 쉽게 내려가서 놀 수 있는, 말하자면 정겨운 개울이었다.

그러나 그 땅의 치명적인 약점은 맹지라는 사실이었다. 엄격히 말해서 다리를 놓으면 집을 지을 수 있으니 완전 맹지는 아니고 반맹지라고 해야 옳을 것이다. 내놓은 가격이 비싸지 않은 이유가 그 때문인 것 같았다. 중개사를 향해 내가 말했다.

"이 땅은 다리 놓는 게 급선무이겠군요."

"다리는 적당히 놓아야지요." 중개사가 대꾸했다.

"적당히 어떻게요?"

"지금 저 다리가 있는 지점에 에이치빔을 놓고 시멘트를 갖다 부으면 돼요."

"그건 불법 아닌가요?"

"불법인 건 맞죠. 하지만 대한민국 행정에서는 되는 일도 없고 또 안되는 일도 없어요. 다리를 놓고 나면 면사무소에서 공무원이 나와 철거하라고 하겠죠. 철거하겠다고 대답하고 나서 버티면 돼요."

"만약에 다시 나와서 뜯으라고 하면 어떻게 해요?"

"그 사람들 바쁜 사람들인데, 맨날 와서 확인하겠어요? 또 확인한다 하더라도 비싼 장비 동원해서 뜯겠어요? 기껏해야 벌금 때리겠지요. 벌금 몇 푼 내고 나면 어영부영 기정사실화되는 거예요. 시골에는 그렇게 해서 놓은 다리가 많아요."

"아이고, 우리 선생들은 그런 일 못해요. 잘 아시잖아요."

결국 그 땅은 제대로 된 땅의 조건에서 한참 벗어나 있는 셈이었다. 맹지인 데다가… 개울에 바짝 붙어있는 데다가… 좁은 데다가…. 문제는 그 외에 또 있었다. 만약 그 땅을 사서 나눈다면 누가 어느 쪽을 차지할 것인가가 그것이었다. 땅을 양분하게 되면 왼쪽 땅의 조건이 월등할 것은 삼척동자도 알 수 있는 일이었다. 제비뽑기를 해서 결정하면 될 것 아니냐고 물을지도 모른다. 그러나 오른쪽 땅은 앞뒤 폭이 20미터 정도밖에 되지 않아 집을 짓기가 힘들게 되어 있었다. 집을 짓게 되면 마당은 거의 없고 개울이 바로 마당이 되어야 할 판이었다.

아내가 손 교수 부인을 향해서 말했다.

"땅이 너무 좁아서 답답할 것 같지 않아요?"

"그래요, 땅이 너무 좁아요. 게다가 다리를 놓으려면 돈도 많이 들 것 같고."

그런데 문제는 손 교수였다. 그는 다른 것은 다 놔두고 개울에 홀딱 반한 눈치였다. 우리가 땅의 이모저모를 살펴보고 있을 때, 그는 줄곧 개울에 내려가 있었다. 중개사와 헤어진 후 그가 들떠서 말했다.

"야, 지금까지 본 땅들 중에서 제일 나은 것 같은데. 전형적인 배산임수인 데다가 개울물도 깨끗한 것 같고…. 그냥 계약하는 게 어때요?"

"그래도 좀더 다녀보는 게 낫지 않겠어요?"

"땅은 그동안 많이 보고 다녔잖아요. 내 생각에 이 이상 더 나은 땅은 없을 것 같은데."

이러는 손 교수를 설득하기가 쉽지 않을 것 같았다.

"그러면 박근갑 선생이랑 오춘택 선생한테 땅을 보여주고, 그 양반들 의견을 들어보고 나서 결정하는 게 어때요?"

"그러죠. 보나마나 찬성일 거예요."

다음 날 오후 우리는 박 교수와 오 교수를 데리고 와서 그 땅을 보여주었다. 박 교수와 오 교수는 내가 생각한 것과 같은 이유로 그 땅 사는 것을 반대했다. 대세가 그러하다 보니 손 교수도 더이상 우기지를 못했다. 네 사람이 저녁을 먹으면서 갑론을박한 끝에 그 땅은 포기하는 것으로 최종 결론을 내렸다. 그런데 다음 날 아침 일찍 손 교수가 전화를 했다.

"선생님, 제가 오른쪽 땅을 가질 테니까 계약을 하죠."

4 "또 마음에 없는 땅을 사요?"

나는 손 교수의 말을 듣는 순간 '이건 어쩔 수가 없겠구나' 하는 생각이 들었다. 어제 4자회동 때 완전히 결론이 난 일이 아닌가. 그런데도 미련을 못 버리고 새벽부터 전화를 하다니! 얼마나 그곳이 마음에 들었으면 집을 짓기도 힘든 오른쪽 땅을 스스로 받아들이겠다고 할까! 밤새도록 고민했을 손 교수의 얼굴이 떠올랐다. 나는 자포자기한 심정으로 대답했다.

"알았어요. 그렇게 하죠."

내가 전화를 끊고 나자 옆에서 아내가 물었다.

"무슨 전화예요? 뭘 알았다는 거예요?"

"손 선생이 자기가 오른쪽 땅을 가지겠다고 하면서 계약을 하재."

아내가 불만에 찬 목소리로 말했다.

"아니, 지내리 땅도 잘못 사서 그렇게 고생을 했는데, 또 마음에 없는 땅을 사요?"

"손 선생이 그렇게 마음에 들어 하는데 어쩔 수 없는 일이잖아. 다리만 놓으면 그렇게 못쓸 땅도 아니고."

이렇게 해서 나의 두 번째 땅 구입이 전격적으로 이루어지게 되었다. 다시 땅을 살 때는 '제대로 된 땅'을 사고야 말겠다는 굳은 결심이 허물어지는 순간이었다.

손 교수 부부와 우리 부부는 계약을 하기 전에 다시 한번 그 땅을 보러 갔다. 다리를 건너가니 컨테이너 한 채가 놓여 있었다. 컨테이너에는 전기가 연결되어 있었고, 계량기가 달려 있었다. 컨테이너 옆으로는 텐트를 치기 위한 자리였는지, 대형 보도블록 같은 것들이 네모반듯한 모양으로 깔려 있었다. 그리고 거기서 약간 떨어진 곳에 8미터짜리 비닐하우스가 지어져 있었다. 제법 경사가 진 밭에는 작년에 만든 이랑들이 그대로 있었고, 이름을 알 수 없는 풀들이 막 돋아나고 있었다.

이튿날 우리는 부동산 중개소에서 아주머니 한 분과 계약을 했다. '용도지역'은 '자연녹지지역', '지목'은 '전(田)'인 580평의 땅을 일금 8,000만원에 구입한 것이다. 아주머니는 컨테이너와 비닐하우스는 그대로 넘겨줄 테니 쓰라고 했다. 컨테이너는 허가를 받고 설치한 것인데, 가설건축물 세금이 1년에 3,000원씩 나온다면서 허가증을 건네주었다. 지하수는 없고, 농사에는 개울물을 써왔다고 했다.

등기를 넘겨받자마자 우리는 춘천시청에 가서 분할측량을 신청했다. 시청에 지적공사 직원들이 파견되어 있기 때문이다. 며칠 후 지적공사로부터 측량을 실시할 테니 현장으로 나오라는 연락이 왔다. 두 명의 측량기사가 와서 경계측량부터 했다. 그들은 선이 꺾어지는 지점에다 빨간 말뚝들을 박았다. 어떤 말뚝은 개울 속에 박히기도 했다. 개울의 침식으로 땅의 유실이 있었음을 말해주는 것이다.

경계측량이 끝나자 분할측량을 했다. 지적도상으로 땅이 둘로 나누어지는 순간이었다. 그러나 그것은 우리가 앞으로 좋은 이웃

이 되기를 바라는 염원이 합쳐지는 순간이기도 했다. 로버트 프로
스트는 노래했다.

　담장을 사랑하지 않는 그 무언가가 있어
　그 아래 언 땅을 부풀려
　위의 돌들을 햇빛에 쏟트리고
　두 사람이 지나가도 될 만큼의 틈을 만든다.
　(…)
　나는 언덕 너머 이웃에게 연락하여,
　어느 날 같이 만나서
　우리 사이의 담을 고쳐 쌓는다.
　(…)
　오, 그것은 한편에 한 사람씩 서서 하는,
　하나의 야외경기, 그 이상은 아니다,
　그곳이 꼭 담을 필요로 하는 곳은 아니니까,
　그의 땅은 죄다 솔밭이고 우리 땅은 사과 과수원.
　내 사과나무가 그쪽으로 건너가서
　솔방울을 먹는 일은 없을 거예요 하고, 내가 말하면,
　그는 단지 "좋은 울타리가 좋은 이웃을 만들지요"라고만 말한다.

　　　　　　　　　　　— 로버트 프로스트, 〈담장을 고치며〉(부분)

　측량이 끝나자 다음으로는 간이 다리를 고쳐놓는 것이 급선무

였다. 기존에 있던 통나무 다리는 좁고 흔들거려서 건너다니기가 불편했다. 그때 용케도 내 머릿속에 지내리에 있을 때 원두막을 지어준 영준공업사가 떠올랐다. 사장님은 이번에도 흔쾌히 일금 100만원에 우리의 고민을 해결해주었다.

다리는 분할이 된 경계선에다 놓기로 했다. 사실 정식으로 놓는 다리가 아니고 사람만 건너다니는 간이 다리여서, 원래 있던 곳에 놓아도 상관은 없었다. 그러나 가운데 위치에 다리가 있어야 밭의 좌우로 왔다 갔다 하기가 편할 것 같았다. 사장님은 먼저 개울 위에 철제 빔 두 개를 1미터 간격으로 나란히 걸쳐놓았다. 그러고는 그 위에 공사장에서 비계(飛階)의 발판으로 쓰는, 동그란 구멍이 숭숭 뚫린 철제 발판들을 여러 개 올려놓고 고정시켰다. 튼튼하고 안전한 다리가 완성된 것이다.

다리를 놓고 나니 농사철이 슬슬 다가오고 있었다.

5 '농사교본'대로 파종했으나

새로 밭을 마련한 우리는 어린애들처럼 조급증을 냈다. 나는 드디어 농사를 같이 지을 파트너가 생겨서 마음이 든든했다. 지내리에서 아내와 둘이 일하느라 얼마나 고생이 많았던가! 몸이 힘든 것도 힘든 것이지만, 한여름 땡볕에서 마치 성난 사람들처럼 대화도 없이 묵묵히 일만 하는 것이 더 고통스러웠다. 그런데 정작 가슴이 설렌 것은 손 교수 부부였을 것이다. 내 소유의 땅에서 내 마음껏 농사를 지어보는 것이 얼마나 뿌듯한 일인가는 경험해보지 않은 사람은 모른다.

지내리에서는 농사를 시작하기 전에 옆의 영감님이 트랙터로 밭을 일구어주었다. 그러면 아내와 내가 삽으로 이랑을 만들고 필요한 곳에 비닐멀칭을 했다. 그런데 이제는 트랙터 대신 곡괭이와 삽으로 밭을 일구어야 했다. 철제 빔과 철제 발판으로 만든 폭 1미터짜리 다리로는 트랙터가 지나다닐 수 없기 때문이었다. 다행히도 손 교수는 강골(强骨)이었다. 등산으로 단련된 그의 허벅지와 장딴지의 굵기는 나의 1.5배는 되어 보였다.

"이제부터 삽질은 내가 할게요. 저한테 맡기세요."

"바둑 둘 때 개삽질하는 것은 내 장기(長技)인데. 하하. 그렇다면 이랑은 내가 만들지. 줄자를 대서 똑바로 만드는 것이 내 취미잖아. 하하."

우리는 시종일관 대화를 나누면서 일을 했다. 그리고 누가 선생들 아니라고 할까 봐, 50분쯤 일하고 10분쯤 쉬었다.

점심 먹을 때 아이스박스에 넣어 온 맥주를 한 캔씩 들이켜는 것도 큰 즐거움 중의 하나였다. 손 교수는 술을 정말 좋아해서 쉬는 시간에도 맥주를 한 캔씩 마셨다. 마치 술 마시기 위해 일하러 오는 사람 같았다. 지내리 시절과 다름없이 점심 메뉴는 주로 '고등어조림 상추쌈'이었다. 손 교수 부인은 그 메뉴를 무척 좋아했다. 주말에 밭에 올 때가 되면 고등어조림 상추쌈 먹을 생각에 가슴이 설렌다고 했다.

"어쩜 이렇게 맛있게 조릴 수가 있지요? 저도 집에서 똑같이 조려봤는데, 도무지 이 맛이 나지 않아요."

똑같은 음식이라도 둘이 먹다가 넷이 먹으니까 더 맛있는 것 같았다.

밭을 만들 때 우리는 땅을 크게 세 구획으로 나누었다. 왼쪽에는 들깨, 중간에는 콩, 오른쪽에는 고추, 감자, 고구마를 심을 계획을 세웠기 때문이다. 비닐하우스에는 아무것도 심지 않았다. 그 안에는 전(前) 주인이 남겨두고 간 책상과 의자들이 몇개 놓여 있었고, 고추 말리는 데 사용한 것으로 보이는 헌 비닐장판이 깔려 있었다. 비닐하우스는 나중에 고추 말리는 데 사용하기로 하고, 고추를 그냥 노지에다 심기로 했다. 밭의 제일 위쪽에는 옥수수와 땅콩을 심기로 했고, 개울가 평평한 곳에는 푸성귀들을 심기로 했다.

나는 교본(敎本)을 좋아하는 사람이다. 바둑도 교본으로 배웠고, 골프도 교본으로 배웠고, 기타도 교본으로 배웠다. 하지만 뭣이든 교본으로 배우게 되면 실력이 느는 데 한계가 있다. 나의 바둑은

아마 3단 정도에서 멈췄고, 골프는 보기게임에서 멈췄으며, 기타
는 혼자서 반주하며 노래하는 정도에서 멈췄다. 기예(技藝)란 교본
도 교본이지만 경험이 풍부한 사범한테서 직접 배워야 늘품이 있
는 법이다. 그런데도 제 버릇 개 못 주고 나는 또 농사교본을 몇권
사들였다.

　나는 시중의 책방에 나와 있는 농사교본이 몇 종류 안되는 것을
보고 놀랐다. 전문 농사꾼들이야 오랜 경험을 통한 노하우가 쌓여
있으니 교본 같은 건 필요 없을 것이다. 하지만 귀촌·귀농 바람이
불기 시작한 그 당시에도 농사를 위한 지침서가 그토록 빈약하다
는 것은 잘 이해가 되지 않았다. 또 기껏 나와 있는 것들도 너무
초보용이거나 너무 전문가용이어서 큰 도움은 되지 않았다. 우리
처럼 농사에 이미 입문은 했고, 이제부터 좀 제대로 지어보려고
하는 중급자들을 위한 마땅한 교본이 드물었다.

　그리고 더 놀라운 것은 시중에 나와 있는 농사교본들 중 절반가
량이 일본 책을 번역한 것이라는 사실이다. 잘은 몰라도 일본과
우리는 기후와 토양이 다르기 때문에 영농법 또한 다를 것이라고
생각된다. 아닌 게 아니라 그 번역서들을 보면, 거기에 소개된 작
물들 중에는 내가 생전 듣도 보도 못한 것들이 꽤 있었다.

　사실 우리나라만 해도 각 지역에 따라 기후와 토양이 사뭇 다르
다. 나는 원래 남쪽 출신이라 어릴 때 감나무, 석류나무, 무화과나
무, 탱자나무, 모과나무, 배롱나무, 대나무 등을 보고 자랐다. 그래
서 나중에 집을 지었을 때 다른 나무들과 함께 감나무, 모과나무,
배롱나무 등을 심었는데, 남쪽 나무들은 다 죽고 말았다. 내가 나

중에 집 짓고 살게 된 월송리는 겨울에 기온이 영하 20도 아래로 내려가는 때가 있다. 그런 해에는 복숭아 과수원이 큰 냉해를 입는다.

아무튼 내가 구입한 영농교본들의 문제점은, 무엇보다도 이런 지역 편차가 전혀 고려되어 있지 않다는 데 있다. 각 작물별 파종(播種) 시기와 정식(定植) 시기가 나와 있기는 하지만, 강원도 인제와 경남 남해의 그것들이 어떻게 같을 수가 있겠는가? 그런데 우리는 그런 사실도 모르고 책에 나와 있는 대로 각종 작물의 씨를 뿌리고 모종을 심었다.

들깨는 따로 모종밭을 만들어 모종을 키워서 심었다. 콩은 포트에 씨를 넣어 모종을 키워서 심었다. 퇴비를 넉넉히 넣은 덕분인지 둘 다 씩씩하게 잘 자랐다. 들깨는 키가 슬슬 커지더니 나중에는 우리 키를 훌쩍 넘었다. 우리는 날씬한 체형의 들깨들이 숲을 이룬 모습을 바라보면서 흐뭇한 미소를 지었다. 그런데 지나가던 동네 할머니 한 분이 우리 밭에 들렀다가 키 큰 들깨들을 보고 알 듯 모를 듯한 한마디를 남기고 가셨다.

"어떻게 된 게, 들깨들이 허우대만 멀쩡하네."

6 너무 일찍 심어 망친 농사

처음에 우리는 할머니의 그 말을 칭찬으로 알아듣고 좋아했다. 그런데 가만히 생각해보니, '허우대만'의 '만'에 문제가 있었다. 그것은 키만 컸지 실속이 없겠다는 뜻이 아니겠는가. 아니나 다를까 우리의 들깨는 '뿔'을 많이 달지 못했다. 들깨가 꽃이 필 때는 꽃대가 뿔처럼 돋아난다. 그 꽃대가 많을수록, 그리고 들깨 알갱이를 담고 있는 꽃망울의 수가 많을수록 수확이 늘어난다. 언젠가 우리는 홍천군 동면 덕치리를 지나가다가 키가 30센티미터 정도밖에 안되는 꼬마 들깨들이 수없이 많은 뿔을 달고 있는 모습을 본 적이 있다.

'허우대만 멀쩡한' 들깨가 우리에게 안겨준 수확은 너무나도 초라했다. 60~70평씩이나 되는 넓은 땅을 차지하며 숲을 이루고 있던 우리의 들깨를 털어보니 채 한 됫박이 나오지를 않았다. 게다가 들깨 줄기들이 너무 긴 바람에 그것을 치우는 데도 무진 애를 먹었다. 왜 이렇게 되었을까? 알고 보니 들깨를 너무 일찍 심었던 탓이었다. 춘천지역 농부들 사이에는 '콩은 하지(夏至)에, 들깨는 초복(初伏)에'라는 불문율이 있다. 우리는 그 둘 다를 5월 초에 심었으니, 농사 망치고 싶어서 안달이 났다고 해도 할 말이 없었다.

시골사람들은 무슨 얘기를 할 때 밑도 끝도 없이 한마디만 툭 던져버리고 마는 습성을 가지고 있다. 아니, "허우대만 멀쩡하네" 대신에 "들깨가 이렇게 키가 크면 씨알이 많이 안 달려. 너무 일찍 심은 탓이여. 내년에는 초복쯤에 심궈"라고 친절하게 말해주면 어디가 덧나는가?

너무 일찍 심어서 망치게 된 것은 콩도 마찬가지였다. 콩은 키만 큰 것이 아니라 잎까지 무성했다. 콩밭에 퇴비를 많이 넣은 탓이었다. 콩과 고구마는 거름을 많이 쓰면 잎만 무성해지고 열매는 잘 맺지를 못한다. 학교에서 배우지 않았던가, 콩은 뿌리혹박테리아를 통해서 뿌리에서 스스로 거름을 만든다는 사실을. 거름이 센 고구마는 줄기를 끝도 없이 뻗는다. 고구마는 뿌리채소인데 영양이 죄다 줄기와 잎으로 가게 되면 뿌리가 부실해지기 마련이다.

언젠가 아내와 나는 서면 금산리에 있는 어느 고구마밭을 지나가다가 고구마 잎이 너무 부실한 것을 보고서, "저 고구마 잎은 왜 저 모양이지?", "글쎄요, 잎이 저렇게 빈약한데, 고구마가 제대로 달리겠어요?" 하고 괜한 걱정을 한 적이 있다. 나중에 그 밭에서 어른 주먹만 한 고구마들이 줄줄이 딸려 나오는 것을 보고 놀라움을 금치 못했기 때문이다.

우리 콩은 과잉성장의 폐해뿐만 아니라 노린재의 피해까지 입었다. 콩꽃이 피어 콩꼬투리가 달릴 때면 어김없이 찾아오는 불청객이 노린재다. 이놈은 연한 콩꼬투리에 자신의 구기(口器)에 있는 가늘고 긴 침을 찔러 넣어서 영양분을 모조리 빨아먹는다. 나중에 수확할 때 말라비틀어진 콩꼬투리들이 보이거나 찌그러진 콩알들이 보이면, 물어볼 것도 없이 노린재의 소행이라고 생각하면 된다. 노린재가 더욱더 밉상인 것은, 이놈이 고약하고 불쾌한 냄새까지 풍기기 때문이다. 오죽하면 이름이 노린재겠는가.

이런저런 이유로 해서 60~70평씩이나 되는 넓은 밭에 심은 우리의 콩은 열매를 채 한 말도 내놓지 못했다. 잎이 너무 무성해서 콩꼬투리가 많이 달리지 않은 데다가, 그나마도 노린재가 즙을 빨아 먹어 말라비틀어진 것이 대부분이었기 때문이다. 게다가 커다란 잎들을 달고 있는 키 큰 콩대는 들깨 줄기보다 치우기가 더 힘들었다.

들깨농사와 콩농사가 실패작이라고 해도, 고추만큼 엉망진창이 지는 않았다. 우리는 '한 집당 건고추 50근씩'이라는 야무진 꿈을 안고서 노지에다가 고추 모종을 300대나 심었다. 고추는 처음에 잘 자라는 것처럼 보였다. 방아다리에 달린 첫 열매도 따주었다. 영농교본에 의하면 고추는 첫 열매에 거의 모든 영양이 집중된다고 나와 있기 때문이다. 그런데 고추 열매에 까만 점 같은 구멍들이 생기기 시작했다. 그러고는 꼭지 부분이 노랗게 변하더니 고추가 물크러지기 시작했다.

우리는 처음에 그것이 탄저병인 줄 알았다. 그래서 물크러진 고추 열매들을 모조리 따서 버렸다. 그런데 마을사람 한 분이 우리 밭에 들렀다가 그걸 보더니, 담배나방 애벌레의 짓이라고 했다. 살충제를 뿌려야 한다고 했다.

"이 집에는 분무기가 없나 벼? 왜 그 한 말짜리 통 등에 지고 손잡이 이렇게 움직여서 뿌리는 거 말이여."

"저 컨테이너 안에 있어요."

"그러면 약을 쳐야지. 안 그러면 깡그리 병에 걸려 고추 한 개도 못 먹게 돼."

농약을 사용하기가 정말 싫었지만, 우리는 그분이 시키는 대로 할 수밖에 없었다. 농협에 가서 약을 사다가 쳤더니, 담배나방 피해는 좀 잠잠해졌다. 그런데 이번에는 몇몇 고추에 약간 움푹 들어간 원형 반점들이 생겨났다. 그리고 시간이 감에 따라 그 반점들 주위로 황갈색의 곰팡이 같은 것이 형성되었고, 어떤 것은 미라처럼 말라비틀어졌다. 고추가 바야흐로 탄저병에 걸린 것이다.

노지에 고추를 심으면 탄저병에 취약하다는 사실은 알고 있었지만, 막상 당하고 보니 적잖이 당황스러웠다. 우리는 탄저병에 걸린 고추들을 따서 태우고, 나머지 고추에는 약을 사다가 쳤다. 애초에 친환경 무농약 농사를 짓겠다고 작정한 것은 아니었지만, 막상 분무기를 등에 메고 고추밭을 누비게 되니 착잡한 기분이 들었다. 나는 속으로 '약은 최소한도로만 쳐야지' 하고 되뇌며 스스로 위안할 수밖에 없었다.

7 개울물에 발을 담그고

앞에서도 말했지만, 우리가 팔미리 땅을 사게 된 결정적 동기는 개울 때문이었다. 다리를 놓아야 집을 지을 수 있다는 핸디캡에도 불구하고 손 교수는 그 개울을 너무나 마음에 들어 했다. 개울이 마음에 들기는 나도 마찬가지였다. 너무 크지도, 그렇다고 너무 작지도 않은 그 개울은 사람의 마음을 편안하게 해주는 구석이 있었다. 게다가 사시사철 물이 마를 날이 없다고 하지 않는가.

그런데 봄철 갈수기가 되니까 개울에 녹조가 나타났다. 수량(水量)이 눈에 띌 만큼 줄어든 개울 바닥에 퍼런 이끼가 끼기 시작한 것이다. 이끼 낀 개울은 볼썽사나웠고, 냄새도 나는 것 같았다. 손 교수가 제일 안타까워한 것은 말할 것도 없는 일이다. 나는 인터넷을 뒤져 이끼를 제거할 수 있는 방법을 검색해보았다. 어항에 낀 이끼나 잔디밭에 낀 이끼를 제거하는 방법들은 나와 있으나, 개울에 낀 이끼를 제거하는 방법은 눈을 씻고 찾아봐도 나와 있지 않았다. 하기야 우리 땅 앞의 개울 바닥에 있는 이끼만 제거한다고 해서 될 일은 아니었다. 녹조는 개울의 저 위에서부터 저 아래까지 길게 뻗어있었기 때문이다.

손 교수 부부와 우리 부부는 팔미리에 발을 붙인 데 대한 인사도 할 겸, 녹조현상에 대해서 문의도 할 겸, 팔미2리 이장 댁을 찾아갔다. 이장님은 우리를 반갑게 맞아주었다. 우리가 개울 녹조에 대한 이야기를 꺼내자 이장님은 "그러게 말이여. 나도 그게 걱정이라. 우리 동네에 소 키우는 집이 두 집 있는데, 거기서 흘러나온 축분(畜糞) 때문이여. 소똥 관리를 잘해야 되는데, 그 양반들 딴에는 신경 쓴다고 써도 조금씩 흘러나오는 것은 어쩔 수가 없어” 하고 한숨을 쉬었다.

“면사무소에 고발하면 안될까요?”

“한 동네에 살면서 고발을 어떻게 해. 그 사람들하고 원수질 텐데….”

“가축분뇨 처리시설을 하면 안되나요?”

“돈이 한두 푼 드는 일이라야 말이지. 10톤 규모 처리시설을 하는 데에 3억 5,000만원이 들어간다나. 정부에서 보조를 받는다고 해도 본인이 2억원가량을 부담해야 혀. 촌사람들이 그런 돈이 어딨어.”

“그러면 아무 방법이 없나요?”

“시간이 해결해줄 거여. 갈수기가 지나서 비가 오면 다 씻겨 내려갈 테니까.”

과연 비가 많이 오니까 녹조는 씻은 듯이 사라졌다. 대신 맑은 물이 흐르면서 개울은 정상적인 모습을 되찾았다. 따라서 손 교수의 얼굴도 밝아졌다.

손 교수는 틈만 나면 개울로 내려갔다. 개울에는 큰 돌들이 많았다. 그는 그 돌들을 주워다가 땅이 유실된 부분에 쌓기 시작했다. 저걸 언제 다 쌓나 했는데, 티끌 모아 태산이라 했던가, 몇 달을 열심히 쌓다 보니 상당부분이 복원되었다.

큰 돌들을 걷어낸 개울 바닥에는 작은 자갈들과 모래들이 남았다. 손 교수는 큰 돌들을 가지고 개울을 가로질러 보를 쌓았다. 물의 흐름이 완만해지면서 작은 수영장 같은 것이 생겨났다. 깊이는 얕았지만 그래도 어른이 드러누우면 몸이 잠길 만큼은 되었다. 수량이 많고 물이 깨끗해서 우리는 그 물로 농사를 지었다. 물은 수중모터를 설치하고 긴 호스를 연결해서 끌어올렸다. 전기가 들어와 있어서 가능한 일이었다. 수중모터의 취수 호스에는 양파망을 씌워서 모래가 빨려오는 것을 방지했다. 모터의 성능은 스프링클러를 돌릴 수 있을 만큼 세었다.

날씨가 더워지자 손 교수는 컨테이너 안에서 아예 수영복으로 갈아입고 개울로 내려갔다.

"야, 신선놀음이 따로 없구나!"

그는 물을 첨벙거리면서 소리를 질렀다. 50대 초반의 나이에 교수씩이나 되는 양반이, 그것도 철학과 교수씩이나 되는 양반이 물 속에서는 어린애처럼 굴었다.

개울가 양쪽에는 키 큰 나무들이 늘어서 있었다. 신나무, 벚나무, 갯버들이 주를 이루었고, 거목이라 할만한 귀룽나무도 한 그루 있었다. 양쪽에 나무들이 늘어서 있으니 자연히 개울에는 그늘이 졌다. 한여름 비지땀을 흘리며 일하다가 개울에 내려가서 등목을 하면 순식간에 더위가 가셨다. 지내리 시절이 생각났다. 거기도 작은 개울이 있었지만 마른 개울이었다. 장마철이나 되어야 겨우 개울물이 흘렀다. 산에서 호스로 끌어온 물로 등목을 하기는 했지만 그렇게 편하지는 않았다.

그때 나에게는 레저테이블이라는 것이 있었다. 소양강댐으로 장기 숙박 낚시를 다닐 때 쓰던 물건이었다. 의자가 네 개 붙어있고, 접었다 폈다 할 수 있는 편리한 물건이었다. 나는 그것을 팔미리에 가져와서 개울 속에 설치했다. 우리는 휴식시간에 거기 앉아 개울물에 발을 담그고 쉬었다. 당연히 점심도 거기 앉아서 먹었다. 개울물에 발을 담그고 먹는 고등어조림 상추쌈은 두 배로 맛있는 것 같았고, 개울물에 발을 담그고 마시는 캔 맥주도 두 배는 더 시원한 것 같았다.

우리는 '정겨운 개울' — 내가 이름을 그렇게 붙였다 — 을 우리만 즐기기가 아까워서 팔미리에 인문대 교수들을 초대했다. 학기말시험이 끝나는 날, 인문대 교수들이 팔미리에 몰려왔다. 이번에는 보신탕 대신에 삼겹살을 대접했다. 지내리에서 보신탕 파티를 연 것은 순전히 그 밉상쟁이 개 때문이었지, 우리가 '몬도가네'* 였기 때문은 아니다.

개울에서 어린애가 되는 것은 비단 손 교수만이 아니었다. 인문대 교수들은 남녀노소 할 것 없이 다투어 개울 속에 들어가서 물장구를 쳤다.

---

* 이탈리아 다큐멘터리 영화 제목 'Mondo Cane'(의역하면 '개 같은 세상')에서 비롯된 말로, 기괴하거나 엽기적인 풍속을 가리킴.

8 삼겹살 파티와 빈 페트병

우리가 삼겹살 파티 하는 광경을 마을사람들도 지나가면서 보았을 것이다. 이사를 가면 마을에 떡을 돌리는 것이 우리네 미풍양속이 아니던가. 우리는 내친김에 마을사람들을 위해서도 파티를 열기로 했다. 그래서 이장을 찾아갔다.

"저기요, 우리가 마을분들을 초대해서 식사대접을 하려고 하는데요."

이장이 반색을 했다.

"그거 좋지유. 언제쯤 하실려우?"

"아예 다음 주 토요일로 날짜를 잡는 게 어때요?"

"다음 주 토요일이면 괜찮을 것 같으네."

"시간은 몇 시쯤이 좋을까요?"

"오후 네 시쯤이 좋을 것 같아."

"몇 분이나 오실까요?"

"가만있자, 다 모이면 한 스무 명쯤 되지 않을까."

이리하여 우리는 파티 준비에 들어갔다. 파티에 쓸 테이블과 의자는 지난번 인문대 교수들을 초대했을 때 마련해둔 것이 있었다. 플라스틱으로 된 접이식 테이블 다섯 개와 야외 행사장에서 많이 사용하는 플라스틱 의자 스물다섯 개가 있었다. 모자라면 레저테이블을 펼치면 될 터였다.

모기향도 지난번 파티 때 쓰고 남은 것이 있었다. 여름에 야외에서 행사를 하게 되면 제일 골치 아픈 게 모기다. 모깃불을 피우면 될 것 아니냐고 물을지 모르나, 그러면 누구 한 사람이 거기에 내내 붙어앉아 있어야 한다. 대신 소용돌이 모양을 한 초록색 모기향을 발밑에 여러 개 피워놓아도 꽤 효과가 있다.

그릇과 수저는 일회용을 쓰면 되니까 신경 쓸 게 없다. 마트에 가면 아예 일회용 파티용품들이 한 코너를 점령하고 있다. 밥과 국은 현장에서 끓이면 되고, 배추김치와 깍두기는 집에서 덜어 오면 될 일이다. 문제는 삼겹살을 몇 인분 준비할 것이며 소주와 맥주를 몇 병이나 준비할 것인가였다. 우리는 모여서 의논을 했다.

"스무 명쯤 온다니까, 삼겹살은 우리 먹을 것까지 합해서 25인분이면 되지 않을까요?"

"1인분에 200그램 잡고 25명이니까 5킬로그램이면 되겠네요."

"술은 몇 병이나 사야 할까? 소주는 4홉들이 페트병이 좋을 거야. 깨질 염려도 없고. 두 사람당 한 병씩 쳐서 열두 병이면 되겠지?"

"맥주는요?"

"맥주도 페트병으로 하는 게 좋을 것 같아. 1리터짜리로 한 여섯 병쯤."

"여름에 술은 시원해야 하니까 아이스박스도 준비해야 할 거예요."

마침내 그날이 되어, 마을사람들이 우리 밭으로 하나둘씩 몰려오기 시작했다. 여성이 대부분이었고 남성은 딱 두 분이었다. 모두가 환갑을 넘은 노인들로 보였고, 여자 한 분만 50대 초반으로 보였다. 이분은 얼굴에 화상을 입은 흉터가 있었다. 흉터가 있는 데다가 목소리까지 걸걸하여 좀 사나워 보였다.

마을사람들은 고기가 굽히는 족족 먹어치우기 시작했다. '먹어치운다'는 표현이 좀 어폐가 있을지 모르나, 그날 마을사람들의 먹성은 그렇게밖에 표현할 길이 없다. 그와 함께 4홉들이 소주병도 하나씩 나가떨어지기 시작했다. 떡두꺼비 파리 잡아먹는다고나 할까. 그들은 작은 종이컵에 술을 따라주면 그대로 '원샷을 때렸'다.

나는 시골 할머니들이 그렇게 먹성이 좋고 술이 센지 처음 알았다. 오히려 영감님들은 그렇게 맹렬하지가 않았다. 아내와 손 교수 부인은 정신없이 고기를 구워서 날랐다. 아직 다섯 시도 되지 않았는데 25인분의 고기가 동나려 하고 있었다. 아내와 나는 재빨리 차를 몰고 근처 정육점으로 가서 삼겹살 5인분을 더 사가지고 왔다.

그런데 그새 싸움이 벌어져 있었다. 화상 흉터 아주머니가 키가 자그마한 할머니를 향해 삿대질을 하고 있었다. 아주머니 목소리가 어찌나 큰지, 팔미리 골짜기가 쩌렁쩌렁 울렸다.

"왜 내가 침 발라놓은 걸 당신이 건드리냔 말야. 어서 이리 내놓지 못해!"

"아니, 누가 이름표 붙여놓았나. 먼저 가진 사람이 임자지."

키 작은 할머니가 볼멘소리를 하면서 등 뒤로부터 빈 페트병을 두 개 꺼내놓았다. 나는 어리둥절했다. 기껏 싸운 이유가 빈 페트병 때문이라니. 내가 옆에 앉은 할머니에게 작은 소리로 물었다.

"왜들 싸우시는 거예요?"

"서로 페트병들을 많이 가지겠다고 저런다우."

"페트병을 어디다 쓰게요?"

"저게 들기름 병으로는 최고라오. 들깨농사 지어 들기름 짜서 자식들 나눠 줄 때는 저게 최고야. 2홉들이 소주병은 양이 좀 적잖아. 됫병은 너무 많고."

나는 그제야 이해가 되었다. 그런데 싸움구경을 하고 있는 사이, 어느새 두 번째 사온 고기도 바닥을 치려고 하고 있었고, 소주 열두 병도 동이 나려 하고 있었다. 아내와 나는 황급히 가게로 가서 삼겹살 5인분과 소주 다섯 병을 추가로 사가지고 왔다.

마을사람들은 삼겹살을 그렇게 먹고도 밥 한 그릇과 국 한 그릇씩을 거뜬히 비웠다. 그들은 여덟 시가 넘어서야 집으로 돌아갔다. 우리는 그들이 돌아간 뒤, 남은 고기 몇 점을 구워서 소주잔을 기울이며 놀란 가슴들을 쓸어내렸다.

9 진땀 흘린 고추 말리기

봄농사가 너무 일찍 심어 피해를 입는다면, 가을농사는 너무 늦게 심어 피해를 입는다. 일주일만 늦게 심어도 생장에 큰 차이를 보이는 게 가을농사다. 우리는 일찌감치 8월 중순에 감자를 캐고 난 밭에 무씨를 뿌리고 배추 모종을 심었다. 주말마다 물을 듬뿍 주었더니 배추는 잘 자랐다. 그런데 어느 날 보니까, 배추 속에 배추벌레가 보였다. 친환경농사를 하는 분들은 벌레가 보이는 족족 나무젓가락으로 집어낸다는 말을 들었다. 하지만 우리처럼 주말에만 농사일을 하는 사람들은 벌레가 늘어나는 것을 감당할 수가 없다. 또 어쩔 수 없이 농협에 들렀다.

"배추벌레 약 주세요."

농협 직원이 커다란 플라스틱 병을 하나 꺼내 왔다.

"얼마예요?"

"3,000원이요."

"한 번만 치면 되나요? 잔류는 안 생겨요?"

"아니요. 세 번은 치셔야 할걸요. 잔류도 생기구요."

"다른 좋은 약은 없나요?"

"있긴 하지만 좀 비싼데…."

그는 다시 조그만 플라스틱 병을 하나 꺼내 왔다.

"이건 한 번만 치셔도 돼요. 그리고 전혀 잔류가 안 생겨요. 15,000원이에요."

아까 것과 비교해서 양은 3분의 1 정도인데, 가격은 다섯 배였다. 그러니까 열다섯 배 정도 비싼 셈이었다. 나는 그 비싼 약을 사들고 와서 배추에다 쳤다. 지나가던 마을 영감님이 내가 약 치는 것을 보고 다가왔다. 그는 약병을 보더니 물었다.

"얼마 주셨소?"

"15,000원이요."

"나는 3,000원짜리 치는데…. 우리는 이런 비싼 약은 못 쳐. 배추가 한두 포기라야지. 배추 값보다 약값이 더 클 판이라서…."

요즘엔 시중에 좋은 농약이 많이 나와 있다. 효과가 좋고 잔류가 없는 농약들이 많이 개발되고 있는 것이다. 문제는 가격이다. 막대한 연구비를 들여서 개발한 약이다 보니, 가격이 비쌀 수밖에 없다. 국민의 먹거리와 건강을 염려하는 정부라면 대폭적인 보조를 해서 잔류 없는 농약을 보편화시켜야 할 것이라는 생각이 들었다. 과연 일주일 후에 와보니 배추벌레가 한 마리도 보이지 않았다.

가을걷이는 힘도 많이 들지만 뿌듯한 느낌도 준다. 우리는 들깨와 콩 농사는 망쳤지만, 고추는 망치고 싶지 않았다. 그래서 담배나방과 탄저병에 감염된 고추들을 뽑아내고, 약을 두어 번 치면서 정성을 다했다. 그랬더니 반타작은 할 것 같은 희망이 생겼다. 하지만 한 고비가 더 우리를 기다리고 있었다. 수확한 고추를 어떻게 말리느냐가 그것이다.

우리는 처음에 고추 말리는 것은 어렵지 않을 것으로 생각했다. 비닐하우스가 있지 않은가. 비닐하우스에는 고추 말리기 좋게 헌 장판까지 깔려 있었다. 우리는 수확한 고추를 장판 위에 가지런히 펼쳐놓았다. 그런데 일주일 후에 가보니, 고추가 하나도 마르지 않은 채 물기를 그대로 머금고 있었다.

"땅바닥에 늘어놓아서 그런 게 아닐까요?"

"그럴지도 몰라요. 나무로 틀을 만들어서 한번 올려놓아봅시다."

우리는 지체 없이 각목을 사다가 틀을 다섯 개 만들었다. 다행히 그런 것 만드는 데는 손 교수가 손재주가 있었다. 나무틀 위에는 갈대로 된 발을 펼치고, 그 위에 고추들을 모두 늘어놓았다. 그런데 사흘 후에 다시 가보니, 고추는 전혀 마를 생각을 않고 그대로 있었다.

"뭐가 문제일까요?"

"아무래도 비닐하우스가 개울가에 있는 게 문제인 것 같아요. 낮에 말랐다가 밤에 습기가 올라와서 다시 젖는 것 같아요."

"그럼 어떻게 해요?"

"저 나무틀을 산 쪽으로 옮겨야지요."

"밤에 이슬이 내리면 마찬가지일 텐데."

"비닐을 씌우면 돼요."

"비닐이 고추에 직접 닿으면 안될 텐데."

"좋은 수가 있어요. 농협에 가면 굵은 철사로 된 활대를 팔아요. 그걸 휘어서 나무틀에 고정시키고 그 위에 비닐을 씌우면 돼요. 말하자면 미니 비닐하우스가 되는 것이지."

미니 비닐하우스 만드는 작업은 생각보다 어렵지 않았다. 각목에 구멍을 뚫고 활대를 반달처럼 휘어서 꽂으면 되었다. 비닐을 씌우되 한쪽은 완전히 고정시키고, 다른 쪽은 열었다 닫았다 할 수 있게 했다.

　다시 나흘 후에 가보았다. 이번에는 좀 나았지만, 생각만큼 빨리 마르지는 않았다. 우리가 고추 말리는 작업을 너무 만만하게 본 것이다. 시내에서 고추 말리는 사람들이 눈총을 받아가며 보도(步道) 위나 아스팔트 위를 이용하는 이유를 알 것 같았다. 그리고 태양초 값이 왜 그렇게 비싼지도 알 것 같았다.

　우리 고추는 제대로 건조되지 않은 데다가 몇 번을 옮겨서 그런지 망가진 것이 많았다. 곰팡이가 슨 것도 더러 있었다. 한 집당 50근이라는 청운의 꿈을 품고 300대나 심은 고추가, 건고추로 돌아온 것은 20근도 채 되지 않았다.

10 개울에 다리 놓기

고추 말리는 데 애를 먹은 것도, 따지고 보면 우리가 집을 짓고 살지 않기 때문이었다. 시골사람들은 햇볕이 쨍하면 마당에 고추를 내다 널고, 비가 올 것 같으면 얼른 거두어들인다. 흐린 날이 계속되면 온돌방에 불을 지펴서라도 말린다. 그런데 우리는 며칠에 한 번씩밖에는 건사를 하지 못하니, 도대체 일이 될 리가 없었다. 팔미리에 빨리 집을 지어야 할 명분이 하나 더 생긴 것이다.

가을걷이가 끝나자 나는 본격적으로 집을 지을 생각을 하기 시작했다. 하지만 어디서부터 어떻게 시작해야 할지, 어떤 집을 지어야 할지, 비용은 어떻게 마련해야 할지, 구체적인 아이디어가 전혀 없었다. 그냥 막연하게 '소박한 전원주택을 지어야지, 건축비는 살고 있는 아파트를 팔면 되겠지'라는 생각만 가지고 있었다. 다리 놓는 공사비는 지내리 땅을 판 돈의 일부로 충당할 요량이었다. 하지만 막상 아파트가 팔리면 집 지을 동안 어디에 가 있어야 하는가도 문제였다.

나는 우선 '소박한 전원주택'에 대한 정보를 얻기 위해 인터넷을 뒤졌다. 정보의 바다에는 온갖 종류의 전원주택이 넘실거리고 있었다. 집의 규모를 30평 정도로 잡고서 그런 집을 찾았다. 아무래도 나에게는 목조주택이 맞을 것 같았다. 검색창에 '목조주택'이라고 입력하니까, 목조주택을 전문으로 하는 시공업체들이 주르르 떴다. '이방갈로'라는 회사가 눈에 들어왔다. 주택 모델들을 평수별로 자세히 제시하고 있었다. 그 모델에 맞추어 실제로 지은 집의 사진도 게재해놓고 있었다.

'이방갈로'의 특징은 각 모델의 건축비를 만원 단위까지 정확하게 제시하고 있다는 것이다. 나는 주택 시공업체들의 횡포에 대한 이야기를 적지 않게 들었다. 계약금만 받고 도망친 업체, 자재를 속인 업체, 추가로 계속 돈을 요구하는 업체 등등. 그래서 '이방갈로'에서 집을 지은 사람을 수소문 끝에 알아내어 전화를 걸어보았다.

"사이트에 제시해놓은 가격보다 더 많은 돈을 요구하지는 않던가요?"

"전혀 그런 일 없었어요. 10원 한 장 더 받지 않는 것이 그 회사의 영업방침이더군요. 자재도 견적서에 적힌 그대로 사용했구요."

그래서 나는 직접 '이방갈로'에 전화를 걸었다. 사장님은 내 이야기를 듣더니 집 지을 현장을 직접 보고 싶다고 했다. 우리는 약속을 잡고 팔미리에서 만났다. 그날 나는 그 사장님으로부터 집 짓는 것에 관한 많은 정보와 지식을 얻을 수 있었다. 사장님은 다리를 놓는 것이 무엇보다도 급선무라고 하면서, 다리를 놓고 나면 전화를 하라고 했다.

손 교수네는 당장 집을 지을 수가 없었다. 손 교수가 이듬해 2학기에 연구년 휴가를 얻어 1년간 미국에 가서 살기로 되어 있었기 때문이다. 그러나 자기들도 연구년 끝나고 오면 어차피 집을 지어야 하니까 다리를 먼저 놓으라고 했다. 다리 놓는 비용은 물론 반반씩 부담하기로 했다.

나는 그때부터 교량 건설에 대해서 알아보기 시작했다. 마침 박근갑 교수와 친한 사람 중에 그런 일을 하는 사람이 있었다. 나도 안면이 있는 양승률 사장은 기꺼이 다리 놓는 일을 맡아주겠다고 했다. 며칠 지나서 양 사장이 견적서를 가져왔다. 다리 길이는 10 미터를 놓는 것으로 되어 있었다. 교량 설치비와 토목건설비를 합쳐 2,500만원가량의 견적이 나왔다.

그러나 다리 놓는 일이 그렇게 간단한 일은 아니었다. 토지 전체에 대한 설계가 선행되어야 다리를 놓을 수 있었다. 그 설계는 토지측량설계사무소라는 데서 해준다고 했다. 3월 초에 나는 시청 근방에 가서 토지측량설계사무소를 알아보고 그중 한 곳을 찾아갔다. 소장님은 현장을 답사해보고 설계비용을 산출해보겠다고 했다. 며칠 후 연락이 와서 설계사무소에 들렀다. 설계비용 견적이 450만원이 나왔다. 그 비용 속에는 교량 설치 허가를 받는 것까지 포함되어 있었다.

"허가 받는 데 며칠이나 걸리나요?"

"한 달이면 충분해요. 하지만 혹시 모르니까 계약서에는 3개월로 쓰죠."

나는 계약서를 쓰고 선금 90만원을 지불했다. 이제 시청에서 허가만 나오면 공사에 들어갈 수 있게 되었다. 그런데 며칠 후 시청 건설과에서 연락이 왔다. 내가 신청한 교량설치계획에 대해서 물어볼 게 있다는 것이었다. 우리가 다리를 놓으려고 하는 팔미천은 소하천정비사업계획에 들어가 있는 개울이었다.

문제는 다리의 길이였다. 소하천정비사업계획에 의하면, 그 개울은 12미터 넓이로 정비하게 되어 있었다. 그러니까 다리의 길이가 12미터가 되어야 하는 것이다. 앞에서 말했지만 손 교수가 집을 지으려고 하는 땅은 현 상태대로 재어도 앞뒤 폭이 20미터 정도밖에 되지 않았다. 그런데 12미터 길이의 다리를 놓으면, 땅의 폭이 2미터가 더 줄어들어야 할 판이었다.

나는 토지측량설계사무소로 갔다. 소장님은 문제점을 벌써 알고 있었다.

"제가 어떻게 해볼게요. 10미터 다리로 허가를 받아볼게요. 팔미천 정비사업계획이 실행되려면 앞으로 몇 년이 걸릴지 몰라요. 언제 실행될지도 모르는 계획 때문에 미리 12미터 다리를 놓을 필요가 있나요. 기다리고 계세요. 허가 나오면 연락드릴게요."

그러나 그 연락은 한 달이 지나도 오지 않았다. 소장에게 전화를 걸었다. 곧 허가가 나올 테니 염려 말고 기다리라고 했다. 다시 한 달이 지나갔다. 다시 소장에게 전화를 걸어 왜 이렇게 늦느냐고 따졌다. 똑같은 대답이 돌아왔다. 처음부터 되지도 않을 일을 도모하고 있지 않나 하는 의심이 들기 시작했다. 집 짓기는 다 틀렸구나 하는 생각이 들었다.

마침내 계약서에 명시했던 약속 기한 3개월이 지나갔다. 나는 소장에게 전화를 걸었다.

"저 다리 놓는 것 포기할게요. 없었던 일로 합시다. 선금은 돌려주지 않아도 돼요."

소장은 할 말이 없는지, 알겠다고 하면서 전화를 끊었다.

제3부

월송리 시절

나는 그냥 밭을 만들어서 씨를 뿌리면 작물이
라는 것은 저절로 자라기 마련이라는 착각에서
벗어나는 데 10년이 걸렸다. 농사는 과학이었
다. 작물의 재배환경, 재배방법, 수확 및 저장,
병충해 방제 등 다양한 측면에서 과학적인 관
리가 되지 않는다면, 수확은 적고 고생만 할 뿐
이라는 것을 깨달은 것이다.

농사는 또 문화였다. 영어에서 문화(culture)라
는 말도 본래 경작이라는 뜻이 아니던가. 경작
이란 사람이 작물과 대화를 하면서 정성을 다
해 보살펴주는 과정이라고 할 수 있다. 그래서
농작물은 주인의 발자국 소리를 들으며 자란다
고 했다.

1 팔미리 땅 포기하고 다시 땅 보러

석 달이 지나도 교량 설치 허가가 나오지 않자 모든 것이 분명해졌다. 다리를 놓을 수가 없으니 집을 지을 수가 없는 것이다. 아니 더 정확히 말하면, 다리를 놓을 수는 있는데 두 집 모두가 건축 가능한 10미터 길이의 다리를 놓을 수가 없는 것이다. 그렇다고 해서 나 혼자 독자적으로 12미터 다리를 놓고 집을 지을 수도 없었다. 마을에서 약간 떨어진 위치에 있는 그 땅에 혼자 독립가옥을 지어 살 수도 없거니와, 그렇게 되면 애초에 두 집이 함께 땅을 산 취지에도 맞지 않았다.

지내리에서 나타났던 맹지의 망령이 아직도 나를 놓아주지 않고 있었다. 반(半)맹지라는 핸디캡 속에 소하천정비사업이라는 복병이 숨어있을 줄이야 누가 알았겠는가? 한시바삐 그 망령의 손아귀에서 탈출하는 것이 상책이라는 생각이 들었다. 집을 짓는 것이 사실상 불가능한 것으로 판명이 난 마당에 팔미리에 더이상 미련을 둘 필요는 없었다. 나는 당장 아내에게 팔미리에 집 짓는 것을 포기하겠다고 선언했다. 아내는 기뻐했다.

"차라리 잘됐네. 내가 처음부터 반대했잖아요. 팔미리 땅은 너무 좁아서 집 짓고 살 곳이 못 된다고."

"손 선생이 섭섭해하지 않을까?"

"손 선생님은 아직 젊잖아요. 그 양반은 천천히 생각해도 될 거예요."

"그래도 손 선생에게 양해부터 구해야지."

나는 손 교수를 만나서 자초지종을 이야기했다. 손 교수가 말했다. "저 때문에 집을 못 지어서 어떻게 해요? 선생님은 땅을 팔 수밖에 없겠네요. 빨리 집 지으셔야 하잖아요. 저는 … 글쎄요, 당분간 그대로 있어볼래요."

아내 말대로 손 교수는 나보다 나이가 일곱 살이나 적었다. 집 짓는 일이 급하지는 않았다. 슬슬 개울이나 즐기면서 당분간 농사만 지으면 될 일이었다. 그러나 나는 내년이면 환갑을 맞이하는 나이가 아닌가.

흔히 나이 들어 은퇴하면 조용한 시골로 내려가서 농사나 지으면서 여생을 보내고 싶다고 한다. 하지만 내 생각은 그 반대다. 오히려 50대 초반에 시골에 들어갔다가, 일흔 살쯤 되면 도로 도시로 나오는 게 이치에 맞다. 아직 팔팔할 때 시골에 들어가서 전원생활을 즐기다가, 늙어서 힘 빠지면 도시로 나와야 한다는 말이다. 늙으면 아무래도 농사일이 힘에 부치게 되고, 병원에 갈 일도 많아진다. 따라서 되도록이면 병원 가까이 사는 것이 현명한 일인 것이다. 환갑을 앞둔 내가 지금 집을 짓는다 해도, 75세 이전에는 나와야 할 터인데, 그렇게 되면 전원생활은 잘해야 15년 정도밖에는 누릴 수 없다는 계산이 나온다.

나는 그때부터 다시 아내와 함께 땅을 보러 다니기 시작했다. 두 번씩이나 실패했으니, 이번에는 아내의 의견을 최대한 존중할 생각이었다.

나는 낚시를 좋아해서, 땅을 사게 되면 저수지 부근에 사겠다는 생각을 해오고 있었다. 춘천은 저수지가 많은 곳이 아니다. 따라서 저수지 낚시도 그리 성하지가 않다. 근처에 댐들이 많아서 춘천 낚시꾼들은 주로 댐 낚시를 다닌다. 나도 댐 낚시를 다녔지만, 사실은 댐 낚시를 그렇게 좋아하는 편은 아니다. 소양댐이나 화천댐과 같은 대형 댐에서의 낚시는 낚시 고유의 덕목인 유유자적함이 없다. 거칠고 위험한 환경 속에서 악전고투를 해야 한다. 게다가 배를 타고 들어가서 4~5일씩 장기 숙박 낚시를 해도 입질 한 번 못 받고 돌아오는 수도 허다하다. 댐에서 물을 방류하는 기간에는 고기들이 꼼짝달싹하지 않기 때문이다.

그래서 나는 평소 춘천시 서면에 있는 반송저수지를 눈여겨보아왔다. 403번 지방도에서 멀지 않은 데다가, 건너편에 소나무 숲이 우거져 있어 경치가 좋은 곳이다. 전국의 저수지 중에서 가장 먼저 결빙이 되기 때문에, 옛날에는 얼음낚시의 개막을 알리는 곳으로도 유명했다. 나도 그 저수지에서 얼음낚시를 몇번 한 적이 있었다.

그 반송저수지 부근에 나온 땅을 보러 간 것이 바로 세 번째 땅투어 때였다. 그 땅은 진입로 문제로 매입을 포기했다고 앞서 이야기한 바 있다. 반송저수지에서 조금 더 들어가면 한 40여 호(戶) 되는 마을이 나온다. 춘천시 서면 월송1리다. 그 마을에서 남쪽으로 작은 고개를 넘어가면 월송2리인데, 한 부동산이 거기에 나온 땅을 소개했다. 마을 끝에 쏘옥 들어앉은 땅이었는데, 땅 모양이 괜찮았고 이웃이 있어 외로울 것 같지도 않았다. 800평을 1억원에 내놓아 가격도 괜찮은 편이었다. 다만 바로 앞에 작은 동산이 있어 시야를 가리는 게 좀 눈에 거슬렸다.

우리는 중개업자에게 생각 좀 해보겠다고 말하고 다시 월송1리로 넘어왔다. 그런데 저수지 쪽에서 들어온 길이 계속 서쪽으로 이어져가는 것이 눈에 들어왔다. 아내와 나는 그 길을 따라가보기로 했다. 얼른 보기에는 인가가 사라지면서 길이 끊어질 것처럼 보였다. 그러나 그 길은 고개 너머로 계속 이어져갔다. 아, 그런데 그 길이 운명의 길이 될 줄이야 누가 알았겠는가!

고개를 넘어가니 작은 마을이 나타났다. 월송3리였다. 고개 아래로 20호쯤 되는 집들이 옹기종기 모여 있었다. 내가 아내에게 말했다.

"거 괜찮은 마을같아 보이는데…."

아내가 맞장구를 쳤다.

"그래요. 평화스러워 보이네요. 김유정 소설에 나오는 산골 마을 같은 분위기예요."

그 길은 계속 이어져서 마침내 403번 지방도로 나왔다. 그런데 한 가지 특기할 점은, 그 길이 작은 마을 속에 나 있는 길임에도 불구하고 시종일관 자동차 교행이 가능할 정도로 넓고 편안한 길이었다는 사실이다. 길의 폭이 5미터는 되어 보였다.

2 아늑하고 소쇄한 느낌이 드는 땅

시골길이 안고 있는 문제점들에 대해서는 앞서 이야기한 바 있다. 시골생활에서 자동차 운행이 편한 것은 그 무엇과도 바꿀 수 없는 이점 중의 하나이다. 나중에 알고 보니, 월송3리의 길이 그처럼 넓은 것은, 그 길을 닦을 때 마을이장이었던 원월호 씨의 노력 덕분이었다. 땅 소유주들의 동의서를 받아내고, 면사무소와 시청에 찾아가서 예산을 따내고, 공사를 감독하는 등의 일을 그분이 도맡아서 했던 것이다.

지난번 제2차 땅 탐색은 주로 춘천의 남쪽 지역을 중심으로 이루어졌었다. 그런데 이번 제3차 땅 탐색은 유포리, 발산리, 용산리, 방동리, 월송리 등 주로 춘천 북쪽 지역과 서쪽 지역을 중심으로 이루어졌다. 우연인지는 몰라도, 중개소들이 소개하는 땅들이 주로 그쪽에 쏠려 있었다. 우리가 월송3리를 다시 찾아가게 된 것도 그러한 우연들 중의 하나였을까?

한 중개사가 소개한 땅은 마을 입구에 있었다. 그것은 남남동을 바라보고 있는, 거의 직사각형 모양의 땅이었다. 750평쯤 되는 땅이 5미터 도로 가에 남북으로 길게 뻗어있었다. 진입로로 말할 것 같으면, 100미터 길이로 뻗어있는 도로의 어디에서든 그 땅에 진입할 수 있었다. 그것은 맹지와 반맹지에 맺힌 나의 한을 풀어줄수 있고도 남았다. 땅이 도로보다 높은 것도 마음에 들었다. 땅이 도로보다 낮으면 폭우가 내릴 경우 도로의 물이 땅으로 흘러들 가능성이 높다.

땅의 앞쪽과 좌우로는 적당한 거리를 두고 야산들이 병풍처럼 둘러서 있었다. 집 앞의 작은 산은 논을 가운데 두고 300미터쯤 떨어져 있었다. 앞이 막혀 있는 셈이지만 답답하게 느껴지거나 그러지 않고, 오히려 아늑한 느낌을 주었다. 땅 뒤로는 논밭과 집들이 펼쳐져 있고, 500미터쯤 떨어진 곳에는 해발 350미터 높이의 산들이 둘러서 있었다.

전체 면적 중 아래쪽 200평가량은 1미터 높이로 단이 낮았다. 그 낮은 밭을 끼고 작은 개울이 감돌아 흐르고 있었다. 비가 올 때만 물이 흐르는, 반은 마른 개울이라고 했다. 팔미리의 그 준수한 개울과는 물론 비교가 되지 않았지만, 그 정도의 개울이라도 있는 게 어딘가. 개울가에는 거목이라고 할만한 키 큰 가래나무가 한 그루 서 있었다. 그 아래에 서 있으니 초여름인데도 제법 서늘한 기운이 느껴졌다.

1도 정도의 완만한 경사를 이룬 전체 땅의 뒤쪽에 세 칸짜리 집이 한 채 있었다. 35년 전에 나무와 흙벽돌로 지은 간이 한옥이었다. 너무 낡아서 수리를 해도 사용할 수 있을 것 같지 않았다. 작은 마당 바로 앞과 옆에는, 지금은 사용하고 있지 않은 작은 우사가 한 채씩 보였다. 집 주위로는 시멘트 담장이 둘러섰는데, 너무 낡아서 조만간 쓰러질 것 같았다. 담장 밖으로 조금 떨어진 곳에는 재를 사용하는 재래식 변소가 한 채 있었다. 안을 살펴보니 지금도 사용하고 있는 모양이었다.

집이 차지하고 있는 면적이 100평쯤 되어 보였다. 대문을 나서면 집 앞이 바로 밭이었다. 들깨, 콩, 고구마 등의 작물들이 한창 자라고 있었다. 화단은 없었고, 나무는 개울가의 가래나무와 집 뒤의 뽕나무 및 물푸레나무 한 그루씩이 전부였다. 집 앞에 서서 건너편의 산을 바라보고 있으니, 아늑하면서도 소쇄한 느낌이 들 었다. 낯선 땅을 보면서 마음이 편안해지는 것을 느낀 것은 그때 가 처음이었다.

1억 6,000만원에 나온 땅이었다. 평당 21만원이면 비싼 편은 아 니었다. 아내도 마음에 드는 눈치였다.

"땅이 좀 크긴 해요. 하지만 저 아래쪽 밭을 잘라서 팔면 될 테 니까."

"그건 그렇지만 돈이 모자라잖아. 팔미리 땅과 후평동 집을 팔 면 땅값이야 되겠지. 하지만 집은 무슨 돈으로 짓지?"

"그러게요. 돈이 한두 푼이라야 어디서 빚이라도 내어보지."

어쨌든 그날은 주인도 집에 없고 해서, 중개사에게 생각 좀 해 보고 나서 연락하겠다고 말하고 일단 집으로 돌아왔다.

우리는 이번에도 국문과 오춘택 교수와 사학과 박근갑 교수에 게 자문을 구하기로 했다. 자금 조달에는 아무런 책임이 없는 두 사람은 오로지 객관적인 눈으로만 월송2리와 월송3리의 땅을 둘 다 둘러보더니, "월송3리 땅이 훨씬 낫네요. 돈이야 은행에서 빌 리면 될 테고, 두고두고 후회하지 않으려면 월송3리 땅을 사세요" 하고 단호하게 말했다.

아내도 두 사람의 주장에 마음이 움직였는지 반대를 하지 않았 다. 나는 결심을 하고 중개사에게 전화를 했다. 그런데 사람의 일이란 참 알다가도 모를 때가 있다. 뜻밖의 변수가 생긴 것이다. 땅주인이 마음이 변해서 땅을 팔지 않겠다고 한다는 것이다. 그럼 어떻게 하느냐고 물었더니, "사흘만 말미를 주세요, 제가 한번 설득해볼게요" 하고 대답했다.

사흘 후 중개사로부터 설득에 실패했다는 전화가 왔다.

우리는 다시 땅 탐색에 나설 수밖에 없었다. 한 중개소에서 전화가 왔다. 여자 중개사 둘이서 발산리, 유포리 등지로 우리를 데리고 다녔다. 마음에 드는 땅이 없었다. 땅 안내에 지친 중개사가 말했다.

"월송리에 땅이 하나 있는데, 손님 취향을 보니 그 땅이 맞을 것 같네요. 거기로 한번 가보시죠."

여자 중개사가 우리를 데리고 간 곳은, 내가 사고 싶었지만 주인이 팔지 않겠다고 해서 포기했던 바로 그 땅이었다.

"이 땅은 제가 지난번에 사려다가 실패한 땅이에요. 주인이 팔지 않겠대요."

3 땅도 인연이 있어야

"이 땅 주인은 내가 잘 아는 사람인데…. 얼마에 내놓았대요?"

"1억 6,000이요."

여자 중개사는 잠시 생각하더니,

"이거 내가 1억 5,500에 흥정해볼게요"라고 자신 있게 말했다.

나는 속으로, '아니, 1억 6,000에도 안 팔겠다는 땅을 무슨 수로 1억 5,500에 산다는 말인가'라고 생각하면서,

"그럴 수만 있다면 나야 마다할 리가 없죠"라고 대답했다.

"좋아요. 성사가 되면 전화 드릴게요."

며칠 후 부동산 중개소에서 전화가 왔다.

"손님, 1억 5,500에 성사가 되었어요. 계약을 하시죠."

나는 아내와 함께, '이게 무슨 요지경인가' 의아해하며 부동산 중개소로 갔다. 땅 주인은 30대 초반의 젊은 사람이었다. 계약 과정을 다 마친 후, 내가 궁금증을 못 참고 땅 주인에게 물었다.

"사실은 말이죠, 내가 한 일주일쯤 전에 이 땅을 1억 6,000에 사겠다고 했는데, 그땐 왜 안 팔고, 오늘은 500만원씩이나 깎아서 파는 거예요?"

"말도 마세요. 다들 순 도둑들이에요. 1억 6,000 준다면 제가 왜 안 팔았겠어요. 지난번엔 1억 5,000이라고 했어요."

내가 이해가 안된다는 얼굴을 하자, 여자 중개사가 말했다.

"그걸 인정작업이라고 해요. 중개사가 농간을 부려 중간에서

1,000만원을 먹는 거예요. 요새는 부동산이 그런 식으로 돈을 벌어요. 복비(福費)만 받아가지고는 사무실 운영비도 안 나오거든요. 저는 손님에게 10원 한 장 안 붙이고 오히려 500만원 깎아드린 셈이에요. 복비를 좀더 주셔야 해요."

나는 중개사의 공로를 인정해서 중개수수료를 정해진 액수보다 좀더 얹어 주었다. 중개소를 나오면서 땅 주인이 나에게 말했다.

"아저씨는 이 땅하고 무슨 인연이 있으신 모양이네요. 사실은 한 달 전쯤에 우리 땅이 팔렸었어요. 서울에서 친구 사이인 두 분이 오셔서 1억 5,000에 계약을 했어요. 그런데 바로 다음 날 그중 한 분의 아주머니가 결사반대를 하는 바람에 계약을 해지했지요. 계약금은 그냥 돌려드렸구요."

이야기를 듣고 보니, 정말 이 땅하고 우리하고는 깊은 인연이 있지 않나 하는 생각이 들었다. 그래서 그때부터 나는 "적어도 사람하고 땅하고는 인연이 있어야 만나게 된다"는 인연론자(因緣論者)가 되었다. 생각해보라. 우리가 지내리, 팔미리를 거쳐 월송리로 오게 되는 그 우여곡절을! 그걸 인연 말고 무엇으로 설명할 수 있겠는가?

나는 그 다음 날로 팔미리 땅을 부동산에 내놓았다. 지역정보지에서 고른 10여 군데의 부동산 중개소에 전화를 걸어 땅을 팔겠다고 했다. 그런데 내놓자마자 땅을 사겠다는 전화가 걸려오기 시작했다. 그중 한 부동산이 특히 적극성을 보였다. 이번에도 여자였다.

"지금 당장 현장에 가보고 싶네요. 그런 땅을 구하는 대기자가 있거든요."

"오늘은 곤란하고요. 내일 아침에 만나요."

"그러면 내일 아침 일찍이 만나요. 7시가 어때요?"

"아니, 그렇게나 빨리요? 그러지 말고 8시에 만나지요."

이튿날 아침 8시에 팔미리에 갔더니 부동산 여자가 땅 살 사람을 대동하고 기다리고 있었다. 중개사가 나에게 말했다.

"내가 평소에 이 근방을 지나다니면서 저 땅 참 괜찮다고 생각했거든요. 그런데 바로 그 땅이 나왔지 뭡니까."

그러고는 데리고 온 손님을 향해 말했다.

"손님은 참 운이 좋은 거예요. 이런 땅 만나기 쉽지 않거든요."

"그러게요. 나도 그동안 땅 좀 보러 다녔는데, 이만한 땅이 없었어요. 그런데 이 개울은 물이 마르지 않는 개울인가요?"

"그럼요. 이 개울을 따라 죽 내려가면 유원지가 나와요."

그 손님도 손 교수처럼 개울에 큰 관심을 보였다. 그래서 내가 물어보았다.

"농사를 지어보셨나요?"

"아니요. 처음이에요."

"처음 농사짓는 사람한테는 땅이 좀 큰 편인데…."

"괜찮아요, 친척 중에 농사짓는 사람이 있어서. 그 양반이 다 지어줄 거예요."

계약은 일사천리로 이루어졌다. 그 손님은 당장 100만원을 가계약금으로 지불하고 오후에 잔금을 다 치르겠다고 했다. 부동산 여자가 그 사이에 필요한 서류를 준비하겠다고 했다. 여자 중개사들의 중개는 정말 시원시원했다. 속전속결이 여자 중개사들의 특징

인가 하는 생각이 들었다. 나야 한꺼번에 돈을 받으니, 굳이 마다할 이유가 없었다.

그날 오후에 나는 290평 땅을 매도한 대금 7,000만원을 모두 받았다. 그런데 이상한 일이 하나 생겼다. 그 다음 날 아침에 토지측량설계사무소 소장에게서 전화가 온 것이다.

"교수님, 10미터 길이로 다리 허가가 나왔어요."

"아이고, 나는 그 땅을 팔아버렸는데⋯."

"네에? 허어, 그것 참⋯."

아, 아무래도 팔미리 땅하고 나하고는 인연이 아니라고밖에는 달리 해석할 길이 없었다.

4 아파트 팔아 땅값은 마련했으나

　팔미리 땅을 팔았으니, 이번에는 후평동 아파트를 팔 차례였다. 돈이 급해서 좀 싸게 내놓은 덕분인지, 아파트는 내놓은 지 이틀 만에 나갔다. 8,500만원을 받았으니, 팔미리 땅 판 돈까지 합치면 월송리 땅값은 해결될 수 있었다. 막상 아파트가 팔리니까 갑자기 해결해야 할 과제가 산더미처럼 밀려오기 시작했다. 잔금을 받고 나면 어디에 가서 살 것인가, 집 지을 돈은 어디서 구할 것인가, 집은 또 어떻게 지을 것인가 등등.

　거처가 마련될 때까지 당분간 원룸을 얻어 살 생각을 했다. 장롱을 비롯한 짐들은 이삿짐센터에서 몇 달씩 맡아주는 곳이 있다고 했다. 그런데 거처 문제는 의외로 간단히 해결될 수가 있었다. 2학기에 연구년 휴가를 가게 되어 있는 손 교수가 집 지을 동안 자기 아파트에 와 있으라고 한 것이다.

　하지만 돈이 있어야 집을 지을 것이 아닌가. 집을 지어본 박근갑 교수에게 물어보니, 30평 정도의 집을 지으려면 1억 정도의 돈을 손에 쥐고 있어야 한다고 했다. 평당 300만원이면 9,000만원에다가 그 외의 부대비용이 들어갈 것이라고 했다. 학교 경리과 직원에게 자문을 구했더니, 사학연금 대상 교직원들은 농협에서 신용대출을 해준다고 했다. 재직증명서와 연금법적용대상교직원확인서를 들고 가면 즉시에 대출을 해준다는 것이다. 그처럼 신용대출이 가능한 것은 아마도 교직원들의 퇴직연금 일시금이 담보의

구실을 하기 때문일 것이다.

아내에게 신용대출 문제를 의논하자고 했더니, 아내가 갑자기 몸을 사렸다.

"누가 1억원씩이나 빌려준대요? 빌려준다고 해도, 그 이자를 우리가 어떻게 감당해요. 지금 우체국 적금 들어가는 돈만 해도 얼만데…."

사실 우리는 한림대우체국 국장님의 고마운(?) 꾐에 빠져 7년 만기의 1억원짜리 적금을 붓고 있었다. 아직 만기가 되려면 2년 정도 남아있었다. 그 적금 붓는 것만 해도 벅찬데, 대출이자까지 안아야 한다는 것은 누가 봐도 무리가 아닐 수 없었다.

"그럼 어떻게 해? 이제는 땅도 집도 다 팔린 마당인데…."

"내가 오빠한테 한번 부탁해볼까? 2,000~3,000만원 정도는 빌려주겠지. 내가 꿍쳐놓은 돈도 좀 있고. 에이, 그래 봐야 4,000 정도밖에 안되겠네."

"좋아. 그러면 이동식주택에서 한번 살아보자고. 그건 나중에 팔 수도 있으니까. 2년 지나서 적금 타면 그때 근사하게 집을 지으면 되지, 뭐."

"이동식주택에서 어떻게 살아요?"

"우리 둘인데, 못 살 것도 없잖아. 낭만적이기도 하고."

나는 정말 인터넷에서 '이동식주택'을 검색해보았다. 한참 정보의 바다를 헤엄쳐 다니니까, '경구하우스'라는 업체에서 16평짜리 이동식주택을 2,800만원에 판다는 광고가 나왔다. 사진을 보니 꽤 쓸만한 것 같고, 정말이지 낭만도 있어 보였다. 한 가지 의아한 것은, 사진에 나와 있는 모습으로 봐서 기역자집인데, 그것을 어떻게 옮겨 오느냐 하는 것이었다. 나는 당장에 경구하우스에 전화를 걸었다.

"그 이동식주택이 기역자집이던데, 그걸 어떻게 옮기나요?"

"다 옮기는 수가 있어요. 옮기지 못하면 어떻게 팔아먹어요."

"한번 구경 가고 싶네요. 거기가 어디쯤이에요?"

"여기 곤지암이에요."

아내와 나는 이튿날 경기도 광주시 곤지암읍에 있는 경구하우스로 갔다. 광고에 나와 있는 그 16평 이동식주택은 중고였다. 전시용으로 지어 2년 정도 사무실로 써왔다고 했다. 살림을 한 집이 아니어서 새것처럼 깨끗했다. 데크가 꽤 넓었다. 방이 두 개에 거실과 부엌과 화장실이 있었다. 작은방이 너무 작은 것이 흠이었다. 그래서 10평짜리 이동식주택을 1,500만원에 하나 더 사기로 했다. 16평짜리 집 뒤쪽에는 5평 정도의 다용도실을 공짜로 달아 내주겠다고 했다.

사장이 기역자집의 운반에 대한 나의 궁금증을 풀어주었다. 그는 본체와 안방을 기역자로 연결한 이음새를 보여주었다. 그것들을 분리해서 각각 옮겼다가 다시 연결하면 된다는 것이었다. 문제는 길이라고 했다. 이동식주택을 싣고 가는 트레일러는 5미터 도로 폭이 확보되어야 운행이 가능하다고 했다. 그래서 최종 계약은 현장을 답사하고 난 뒤 맺어야 한다고 했다. 우리는 날짜와 시간을 정하고, 신매대교와 403번 지방도가 교차하는 지점에서 만나기로 약속을 했다.

월송3리로 들어가는 길은 두 개다. 반송저수지 쪽에서 월송1리를 거쳐 들어가는 길이 있고, 서면마트 쪽에서 들어가는 길이 있다. 사장은 그 두 길을 모두 답사하고 나서, 서면마트 쪽 길은 안된다고 했다. 길 초입에 있는 전신주와 나무들 때문에 트레일러의 진입이 불가능하다는 것이다. 그 대신 저수지 쪽 길은 가능하다고 했다. 중간에 공중을 가로질러 시멘트로 설치한 농수로가 있지만, 같이 오는 크레인으로 집을 들어 올려서 넘기면 된다고 했다.

그런데 현장에 도착해서 땅을 둘러본 사장이 딴소리를 했다.

"교수님, 집을 지으시죠."

"집을 짓고 싶어도 당장은 돈이 없어 그런다고 했잖아요."

"이렇게 크고 좋은 땅에 이동식주택을 갖다 놓는다는 것은 말이 안돼요."

"그러면 어떻게 해요?"

"이왕 4,300만원은 쓰시기로 했으니까, 몇천 만원 더 구해보시죠. 제가 아주 싸게 좋은 집을 지어드릴게요. 이동식 갖다 놓기에는 너무나 아까운 땅이에요."

5 대출 받아 목조주택 짓기로

경구하우스 사장은 완강했다.

"저는 집 팔아먹고 가면 그만이에요. 그런데 사람이 양심이 있지요. 이렇게 좋은 땅에 이동식주택을 갖다 놓는다는 것은 제 양심상 용납이 안돼요. 저도 여기저기 땅을 많이 보고 다녔지만, 이만한 땅 만나기 힘들어요. 시간을 드릴 테니까 잘 생각해보고 결정하세요."

나는 의외의 변수 때문에 다시 고민에 빠졌다. '돈 몇천 만원을 어디서 구하지. 농협에서 대출받는 수밖에 없는데….'

며칠 후, 인문대 교수들 몇 명과 부부 동반으로 맥주 마시는 자리가 있었다. 자연스럽게 나의 집 짓는 이야기가 나왔다. 내가 이동식주택을 갖다 놓는 것과 정식 주택을 짓는 것 사이에서 고민을 하게 된 경위를 설명했다. 그리고 이렇게 덧붙였다.

"돈 1억이 나올 구멍이 있긴 한데, 그게 2년 후예요."

그 말을 듣고 한 젊은 교수가 말했다.

"적금을 붓고 계시군요. 그럼 농협에서 대출을 받으세요. 저 같으면 돈 나올 구멍이 없어도 대출 받아 집 짓겠어요. 한 2년 죽었다고 복창하고 이자 물면 되잖아요. 이동식 갖다 놓으면 틀림없이 후회하실 거예요. 그 사장님 말씀이 옳아요."

그 말에 좌중의 모든 사람들이 이구동성으로 동의했다. 그리고 그 말은 마침내 가사경제 운용에 있어서는 보수 중의 왕보수라고

114

할 수 있는 아내의 마음을 움직였다. 아내도 대출 받아서 집을 짓는 데 동의한 것이다.

나는 그 다음 날 경구하우스에 전화를 걸어 집을 짓기로 결정했다고 통보했다. 사장은 잘 생각하셨다고 하면서 자기 일처럼 기뻐했다. 그러고는 나더러 내가 짓고 싶은 집 설계도를 직접 만들어보라고 했다.

"교수님, 컴퓨터 잘하시죠?"

"네, 조금 합니다만….."

"인터넷 검색을 하면 설계도가 무수히 나올 거예요. 그걸 변형해서 한번 만들어보세요. 집 평면도와 정면도만 만드시면 돼요."

과연 인터넷에는 무수한 주택설계도가 나와 있었다. 하지만 방의 배치가 마음에 드는 설계도는 그리 많지 않았다. 주방의 위치가 문제였다. 나는 평소 주방을 집의 뒤쪽에 두는 것에 대해서 의구심을 갖고 있었다. 집의 뒤쪽은 대체로 북쪽이고 어두운 곳이다. 주방은 사실 주부들이 거의 하루 종일을 지내는 곳이 아닌가. 그런 방은 밝고 따뜻한 남쪽에 배치해야 옳다. 특히 전원주택에 사는 주부라면, 부엌일을 하다가 가끔씩 마당에 핀 꽃들도 내다보고 해야 하지 않겠는가.

마침 주방이 앞쪽에 배치된 설계도가 몇 개 눈에 띄었다. 나는 그중 한 개를 '윈도우 그림판'을 이용해서 내 용도에 맞게 변형시켰다. 평면도 그리는 것은 그리 어렵지 않았다. 그러나 정면도 만들 때는 꽤나 애를 먹었다. 평면도에서 방의 위치나 크기가 바뀌면 정면도에서도 그것을 표현해야 하는데, '윈도우 그림판'으로는 한계가 있기 때문이다. 며칠 동안 끙끙거려서 완성한 평면도와 정면도를 이메일에 첨부해서 경구하우스에 보냈다. 사장이 마음에 든다는 답을 보내왔다.

며칠 후 나는 아내와 함께 다시 곤지암으로 갔다. 경구하우스와 30평 단층 목조주택을 짓는 계약을 맺기 위해서였다. 사장은 기분이 약간 고조되어 있었다.

"정말 잘 생각하셨어요. 나는 풍수지리는 잘 모르지만, 그냥 눈으로만 봐도 그 땅은 평온한 느낌을 주는 땅이에요. 이동식 갖다 놓으면 그 땅 버려요."

"그러나저러나 사장님 덕분에 저는 큰 빚을 지게 생겼어요."

"교수님들 월급 많이 받으시잖아요."

"사람들은 교수들이 다 부자인 줄 아는데, 그렇잖아요. 오죽하면 이동식주택에서 살려고 했겠어요."

"그 대신 제가 집을 싸게 잘 지어드릴게요."

"좋아요. 저는 사장님만 믿을게요."

사장은 집의 각 부분에 들어갈 건축자재들을 적시한 주택 시방서(示方書)를 미리 준비해놓고 있었다. 나는 인터넷을 통해 주택 설계도를 구하는 과정에서 자연스럽게 건축자재에 대한 지식도 함께 얻게 되었다. 그래서 시방서를 보면서 아는 체했다.

"여기 '그라스울 유리섬유 단열재'라고 되어 있는 게 인슐레이션(insulation)이죠?"

"교수님이 그걸 어떻게 아세요?"

"제가 집 지으려고 공부 좀 했죠. 하하."

"야아, 그러면 자재에 대해서는 아무도 교수님을 못 속이겠네. 하하."

사장은 그 시방서에 따라 집을 지으려면 공사비가 평당 270만 원이 들어간다고 했다. 30평 곱하기 270만원이면 8,100만원이 된다. 내가 좀 난감한 표정을 지으니까, 사장이 몇백 만원을 깎아주었다. 하지만 그냥 깎아준 것은 아니었다. 내가 설계한 주택 속에는 3평짜리 보일러실이 포함되어 있었는데, 그 면적을 계산에서 빼주겠다고 한 것이다. 그렇게 해서 나는 경구하우스와 총 공사비 7,500만원에 30평짜리 주택시공 계약을 맺었다.

게다가 사장은 내가 기대하지 않은 선심을 베풀어주었다. 즉 개울가 가래나무 아래에다 사방 2.5미터 길이의 정자를 서비스로 지어주겠다고 했다. 그리고 10평짜리 데크와 4평짜리 다락방도 서비스로 지어주겠다고 했다. 그러면서 이렇게 말했다.

"그런 것들을 돈 주고 지으려면 1,000만원 넘게 주셔야 돼요. 그러니까 전부 합해서 9,000만원짜리 집이라고 보시면 됩니다."

6 "죽을 운수에 집 짓는다"

경구하우스와 집 짓는 계약을 맺음으로써 나는 일단 한숨을 돌렸다. 팔미리 땅과 후평동 아파트가 팔리는 바람에 불거졌던 큰 과제들이 해결의 실마리를 보였기 때문이다. '잔금을 받고 나면 어디에 가서 살 것인가'는 '집 지을 동안 손 교수네 아파트에서 살면 된다'로, '집 지을 돈은 어디서 구할 것인가'는 '아내가 꿍쳐놓은 돈과 처남에게서 빌리는 돈 그리고 농협 대출금으로 충당하면 된다'로, '집은 또 어떻게 지을 것인가'는 '경구하우스와 30평 목조주택을 짓기로 했다'로 각각 그 해결책을 찾은 것이다.

그러나 그게 끝이 아니었다. 또다른 시작이 기다리고 있었다. '죽을 운수에 집 짓는다'는 말이 있지 않은가. 집을 짓기 위해서는 앞으로도 넘어야 할 산들이 첩첩이 가로놓여 있었다.

나는 우선 주소지부터 옮겼다. 이제는 남의 것이 된 아파트에 주소를 그대로 둘 것이 아니라, 앞으로 살아야 할 땅에다 주소를 옮겨놓는 것이 마땅하다고 생각했기 때문이다. 그 다음에는 월송 3리 이장을 찾아가서 인사를 했다. 원월호 이장은 처음에는 나를 땅 사놓고 값 오르기를 기다리는 투기꾼이 아닌가 하고 의심하는 눈치였다. 그러나 집을 짓고 살러 들어올 사람이라는 확신이 서자 그때부터 대하는 태도가 달라졌다. 주소 옮긴 것과 이장에게 인사한 것, 이 두 가지는 지금 생각해도 잘한 일이라고 생각된다. 당연히 해야 할 일을 한 것이기는 하지만, 그것이 후일에 많은 도움을 주었기 때문이다.

앞에서 말했지만 내가 집을 지으려고 하는 땅은 나대지가 아니었다. 지은 지 35년 된 낡은 집과 축사 그리고 변소가 있었다. 이처럼 헌 집이 있는 땅을 사면 몇 가지 유리한 점들이 있다. 우선 기존의 대지(垈地)가 있으니, 농지전용 허가를 받지 않아도 된다. 전기, 수도를 끌어오지 않아도 되고, 지하수를 파지 않아도 된다. 그런 일을 하는 데 걸리는 시간이 많이 절약될 뿐만 아니라, 돈도 많이 절약된다. 하지만 기존의 건물들을 없애야 하는 단점은 어쩔 수가 없다. 기존의 건물들을 없애기 위해서는 먼저 건축물멸실 허가부터 받아야 한다. 건축물대장에 올라 있는 건물들을 그냥 없앨 수는 없기 때문이다.

시청에 건축물멸실 신청을 해서 허가를 받은 나는 전화번호부에서 철거업체를 물색했다. 서너 군데 업체에서 현장을 보고 견적을 내었다. 그중 190만원을 요구한 업체를 선정했다.

그런데 내가 집을 허문다는 사실을 알게 된 전(前) 주인의 친구가 전화를 걸어 왔다.

"제가 집을 해체하고, 재목들을 좀 가져가도 될까요?"

"그걸 가져가서 무엇에 쓰게요?"

"그걸로 창고를 하나 지으려고 해요."

"그러세요. 불 때버리는 것보다는 그렇게 재활용하는 게 낫겠죠."

그 친구는 한옥학교를 수료한 사람이었다. 그는 한옥학교 동기생 둘을 데리고 와서 닷새 동안에 걸쳐 집을 해체했다. 복원을 쉽게 하기 위해 서까래며 기둥에 번호를 매겨가면서 작업을 했다. 그들이 목재를 다 챙겨 가고 나니, 집에는 시멘트와 흙과 쓰레기들만 남았다.

철거작업에서 제일 골치 아픈 것이 시멘트 담장이었다. 부식된 시멘트는 산업폐기물로 분류되기 때문에 업체에서도 돈을 주고 버려야 한다고 했다. 그나마 한옥 형태라 땅 밑의 기초를 이루는 시멘트가 없어서 다행이었다. 철거업체에서 남은 쓰레기들을 치워주었다. 재래식 변소가 없어져서 속이 시원했다.

기존의 건물들이 없어졌으니, 비로소 건축신고를 할 단계가 되었다. 내가 지으려고 하는 30평 주택, 즉 연면적 100평방미터 이하의 건물은 건축허가를 받을 필요가 없고 건축신고만 하면 되었다. 건축허가를 받을 때는 구비 서류가 20여 가지가 넘는 데 비해, 건축신고만 할 경우 10가지가 채 안되었다.

건축신고서는 인터넷에서 양식을 다운로드받아서 내가 작성했다. 등기부등본은 대법원 인터넷 등기소에서 뗐고, 지적도, 토지이용계획확인원, 토지대장 등은 시청에 가서 뗐다. 오수·정화조 설치신고는 시청 환경과에 가서 접수했다. 환경과 직원이 월송리 지역은 오수합병정화조 설치지역이 아니어서 단독정화조를 설치해도 된다고 했다. 설치비는 단독정화조가 훨씬 적게 들지만, 나는 굳이 오수합병정화조를 설치하겠다고 했다. 개울을 더럽히기 싫어서였다. 건축신고 도면, 즉 건물 배치도와 평면도는, 앞서 말했듯이, '윈도우 그림판'을 이용해서 내가 이미 그려놓았다. 요즘에는 건축신고 도면을 반드시 건축사에게 의뢰해야 하는데 그때는 내가 만들어도 되었다. 이 모든 서류를 가지고, 나는 서면 면사무소에 가서 건축신고를 했다.

며칠 후, 면사무소를 통해 시청 건축과에서 발행한 건축신고필증이 나왔다. 이번에는 건축착공신고를 할 차례였다. 나는 건축착공신고서를 작성하고 공사계약서 사본을 첨부하여 다시 면사무소에 제출했다. 며칠 후 건축착공필증이 나왔다. 마침내 월송리 땅에 공사를 시작할 수 있는 행정상의 준비가 갖추어진 것이다.

나는 지체 없이 경구하우스에 연락을 했다. 며칠 후 사장이 기초공사를 할 자재 및 장비를 싣고 인부들을 대동하여 현장에 출동했다. 그들이 한참 기초공사를 하기 위해 터파기를 하고 있는데, 마을사람이 한 사람 나타났다.

"안녕하슈? 저는 요 바로 뒤에 사는 우○○요. 드릴 말씀이 있어 왔시우."

"무슨 일인가요? 말씀해보시죠."

우씨는 우리 땅 옆에 붙어있는 인삼을 심어놓은 자기 밭과 우리 뒤편의 30평짜리 밭을 서로 바꾸자고 했다. 그의 밭은 뾰족한 삼각형 모양의 못생긴 땅이고, 우리 밭은 네모반듯하게 잘생긴 땅이었다.

"저는 그럴 생각이 없는데요."

"그래유? 그럼 어디 집 잘 짓게 되나 두고 봅시다."

122

7 "측량부터 하고 나서 공사하슈"

나는 우씨의 그 협박성 발언에, '별 우스운 친구 다 보겠네, 제
까짓 게 뭘 어쩌겠다고…'라고 생각하고 대수롭지 않게 넘어갔다.
그러나 그게 아니었다. 이튿날 한창 공사를 하고 있는데, 공사 현
장에 면사무소 직원과 파출소 순경이 나타났다. 민원이 접수되어
조사를 나왔다는 것이다.

"남의 땅에 불법으로 집을 짓는다고 해서 나왔습니다."

"남의 땅이 아니라 제 땅에 집을 짓는데요. 그리고 불법이 아니
라 정식으로 건축신고필증을 받고 짓는 겁니다."

"경계측량을 하셨나요?"

"아니요."

"그럼 공사를 일단 중단하세요. 측량을 해서 분쟁의 소지를 없
앤 다음 집을 지으세요."

경계측량을 하지 않고 공사를 시작한 것이 문제였다. 시골에 땅
을 사면 경계 때문에 분쟁이 많이 벌어진다는 소리는 들은 바 있
었다. 하지만 그것은 땅 모양이 애매하게 생겼을 때의 문제이지,
우리 땅처럼 경계가 분명한 경우에는 문제가 되지 않을 것이라고
단순하게 생각한 것이 잘못이었다.

공사 현장에 나타난 우씨에게 내가 말했다.

"아니, 경계가 문제될 게 있나요? 집터를 경계에 붙여서 파는
것도 아닌데. 그 밭에서 3미터 이상 떨어져서 파고 있잖아요. 정

그러면 지금이라도 측량신청을 할게요. 공사를 중단시킬 필요까지 뭐 있어요."

"3미터가 아니라, 그 땅 반까지가 우리 땅이유. 측량부터 하고 나서 공사하슈."

경구하우스 사장이 우씨에게 다가가서 뭐라고 설득을 하는 모양이었다. 그러나 얼굴만 붉히고 돌아왔다.

"교수님, 큰일 났는데요. 이대로 공사가 중단되면 손해가 막심해요. 오늘 동원된 장비 값과 인부들 품삯만 해도 200만원 가까이 돼요. 어떻게 좀 해보세요."

일이 난감하게 되기는 했다. 그렇다고 해서 그 말도 안되는 토지교환 제안을 받아들일 수는 없는 노릇이었다. 나는 사장에게 우씨가 억지를 부리는 이유를 설명했다.

"어제 저 사람이 갑자기 나타나서 자기 못생긴 땅과 우리 반듯한 땅을 서로 바꾸자는 거예요. 일언지하에 거절했죠. 그랬더니 저렇게 꼬장을 부리는 거예요."

"거참, 완전히 생떼쟁이 인간이군요. 그렇다면 어쩔 수가 없네요. 측량부터 할 수밖에. 측량 끝나면 다시 공사 시작하지요."

측량은 팔미리 시절에 이미 한번 겪어본 일이었다. 시청에 가서 측량신청서를 냈다. 이번에는 땅이 커서 측량비용이 적지가 않았다. 게다가 신청자가 많이 밀렸는지, 일주일 후에야 측량기사가 현장에 나왔다. 측량 결과는 정의의 편이었다. 빨간 말뚝들은 현황의 경계선보다 우씨의 인삼밭 쪽으로 약간씩 들어간 지점들에 박혔다. 측량작업 현장을 보러 왔던 우씨가 가타부타 말이 없더니, 화난 얼굴을 하고 자기 집으로 가버렸다. 며칠 후에 보니까 우씨의 인삼밭에 박혀 있던 빨간 말뚝들이 뽑혀나가고 없었다. 인삼밭에 갈 때마다 그것들이 몹시 눈에 거슬렸던 모양이었다.

우씨는 땅부자였다. 그는 서면 일대에 3만 평의 땅을 소유하고 있다고 했다. 평당 20만원씩만 쳐도 60억 부자였다. 게다가 그 땅들에 인삼을 심어서 1년에 몇억 원씩 수입을 얻고 있었다. 그런데도 불구하고 우씨의 땅 욕심은 끝이 없었다. 그는 엄청난 땅부자임에도 불구하고, 들어오는 수입을 계속 땅 사는 데 들이부었다. 그 바람에 사는 모습은 형편없었다. 그런 사실을 알고 나니, 우씨가 어째서 30평밖에 안되는 우리 뒷밭을 가지려고 몽니를 부렸는지 이해가 되었다.

우씨가 우리 뒷밭을 탐낸 데에는 또다른 이유가 있었다. 우리 땅 전 주인과 우씨는 불구대천의 원수지간이었다.

싸움의 발단은 우씨 소유의 우리 옆 땅과 김씨 소유의 우리 뒤 땅을 서로 바꾸어서 경작한 데서 비롯되었다. 우씨는 땅이 반듯한 것이 마음에 들었고, 김씨는 땅이 큰 것이 마음에 들었다. 그래서 서로 땅을 교환하자고 합의를 했다. 그러나 그 교환의 사실을 문서로 남기지 않은 것이 탈이었다. 구두로만 약속을 한 것이다. 당시 시골에는 그러한 일들이 다반사로 일어났다고 한다.

세월이 흘러 선대 김씨가 세상을 떠나자, 숨어있던 분쟁의 씨앗이 싹트기 시작했다. 김씨의 아들인 우리 땅의 전 주인이 뒤 땅의 소유권을 주장하고 나선 것이다. 우씨는 당시 구두 약속을 할 때 현장에 있었던 증인을 내세워 토지교환 사실을 입증해보려 했다.

그러나 등기부등본이라는 문서 앞에서는 아무 소용이 없었다. 등기부상에는 엄연히 우리 뒤의 네모반듯한 땅은 김씨의 소유로, 우리 옆의 삼각형 땅은 우씨의 소유로 나와 있기 때문이다. 따라서 서로 바꾸어서 경작하던 밭을 원래대로 되돌릴 수밖에 없었다.

복수의 칼을 갈고 있던 우씨가 시비의 꼬투리를 발견했다. 아들 김씨의 변소 지붕이 자기 땅을 침범했다는 것이다. 김씨가 그 사실을 인정하려 하지 않자, 우씨는 측량신청을 냈다. 측량 결과는 김씨 변소의 지붕이 우씨의 밭을 5센티미터 침범한 것으로 나왔다. 우씨는 김씨에게 당장 변소를 헐라고 요구했다. 김씨가 그 요구를 들어줄 리가 없었다. 둘은 이미 감정의 골이 깊어질 대로 깊어져 있었다.

마침내 우씨가 소송을 냈다. 민사소송이라서 재판이 오래 걸렸다. 패소한 쪽이 항소를 거듭한 끝에 대법원에 가서야 최종 판결이 났다. 대법원 판결치고는 너무나 어이없고 황당한 판결이었다.

"김씨는 변소의 지붕 5센티미터를 헐되, 그 비용은 우씨가 물어야 한다."

8 다락방의 '가중평균높이'

우씨네 땅과 우리 땅의 경계가 확실하게 그어지자, 공사가 재개되었다.

나는 거의 매일 공사장에 들렀다. 오춘택 교수도 가끔씩 얼굴을 보였다. 오 교수는 월송리 땅을 무척 마음에 들어 했다. 지내리와 팔미리 땅에 대해서는 그저 그런 반응을 보였던 그가 월송리 땅에 대해서는 나보다도 더 애착을 느끼는 것 같았다. 그는 경계측량을 하는 날도 모습을 나타내어 빨간 말뚝이 박히는 장면을 모두 사진으로 촬영했다. 나중에 우씨가 딴소리할지 모르니까 증거를 남겨야 된다고 했다.

오 교수는 정화조 묻는 날에도 현장에 나타나서 공사하는 모습을 사진으로 촬영했다. 성격이 꼼꼼한 오 교수는 내가 미처 생각하지 못한 것들까지 챙겼다. 정자가 있는 곳까지 전기선과 수도관을 끌어온 것은 순전히 그의 공이었다. 정화조 배수관을 묻을 때 그가 전기선과 수도관을 같이 묻어달라고 요구하지 않았으면, 나중에 공사를 다시 해야 할 뻔했다.

앞서 말한 대로, 그때 아내와 나는 손 교수네가 미국에 가면서 비워놓고 간 아파트에 기거하고 있었다. 장롱을 비롯한 살림살이 일체를 이삿짐센터에 맡겨놓은 탓에, 우리는 피난살이 같은 생활을 하고 있었다. 밥은 사 먹는 일이 많았다. 밥을 사 먹을 때는 주로 춘천역 가는 길에 있는 '길손식당'에서 사 먹었다.

길손식당은 아내와 함께 기차로 서울에 다녀올 때 옆 좌석에 앉은 사람들의 대화를 듣고 알게 된 식당이었다. 그들은 친구 사이로 보였다.

"춘천에 도착하면 밥을 어디서 먹지?"

"아, 내가 춘천역 옆에 아는 식당이 하나 있어. 기사식당 같은 곳이야."

"기사식당 밥이 좀 그렇잖아. 어디 딴 데 좋은 데 없어?"

"아니야, 한번 먹어 봐. 내 입맛에는 딱 맞더라고."

우리도 기차에서 내리면 밥을 사 먹어야 하는데 잘됐다 싶었다. 우리는 그날 이후 길손식당의 단골이 되었다. 길손식당의 밥은 집밥과 똑같아서 질리지가 않았다. 게다가 가격도 저렴했다. 하도 자주 가니까 주인 아주머니는 우리를 단골이라고 여겨서 가끔씩 생선구이 한 토막을 더 얹어주기도 했다.

공사 현장에 갈 때는 빈손으로 가는 법이 없었다. 목수들 간식거리를 꼭 챙겨 갔다. '간식거리 챙기기'는 사실 여간 신경 쓰이는 일이 아니다. 먹는 사람이 질리지 않게 매일 메뉴를 바꾸어야 하기 때문이다. 우리는 빵, 떡, 만두, 호빵, 도넛, 순대, 떡볶이 등의 요깃거리와 우유, 주스, 콜라, 사이다 등의 음료를 매일 바꾸어가면서 사 가지고 갔다. 요새 목수들은 낮술을 잘 먹지 않아서 술에는 신경을 쓸 필요가 없었다. 목수들은 우리가 자기들 간식에 신경을 쓰는 데 대해서 무척 고맙게 여겼다. 목수 한 사람이 이렇게 말했다.

"오늘은 또 뭘 사가지고 오시나 하고 기대가 돼요. 간식시간 기다리는 것이 우리의 유일한 낙이랍니다."

집 짓는 순서는 크게 세 단계였다.

첫째가 땅을 파서 집의 기초를 닦는 일이었다. 거푸집으로 틀을 세운 후 레미콘이 와서 콘크리트를 타설(打設)하는 것이 그 주된 작업이었다.

둘째는 목재로 집의 골조를 세우는 일이었다. 나는 단일한 목수 팀이 처음부터 끝까지 모든 목공작업을 다 하는 줄 알았다. 그러나 목공작업은 대목(大木)과 소목(小木) 두 팀이 나누어서 했다. 기둥과 벽을 세우고 지붕을 덮는 골조공사는 4~5명이 팀을 이룬 대목들이 했다. 그들은 데크까지 만들고 나서 다른 공사장으로 떠났다.

셋째는 4~5명이 팀을 이룬 소목들이 벽체공사와 지붕의 마무리 공사와 내부공사를 하는 일이었다. 문틀, 천장의 몰딩, 굽도리를 비롯해서 집의 소소한 마무리 작업들을 그들이 도맡아서 했다. 그들은 안방에 붙박이장도 만들어주었고, 내 서재로 쓸 다락방에는 책장도 만들어주었다. 개울가의 정자를 짓는 것도 그들의 몫이었다.

다락방 이야기가 나와서 말인데, 사상은 지붕의 경사도를 정할 때 다락방을 염두에 두었다고 했다. 나는 이 다락방에 많은 신경을 썼다. 다락방을 잘못 만들어서 건물 면적을 초과하게 되면 준공검사에서 문제가 생길 수가 있기 때문이다. 그래서 인터넷을 통해 다락방의 기준을 알아보았다. 한 시공업체의 건축정보 사이트에 이렇게 나와 있었다.

"경사지붕(경사도 15도 이상)의 경우, 가중평균높이가 1.8미터 이하일 때는 다락으로 인정받을 수 있다."

가중평균높이란 방의 체적을 방의 면적으로 나눈 값이라고 했다. 나는 이 말이 무슨 말인지 알 수가 없었다. 게다가 사장이 우리 다락방에다 뻐꾸기창을 달아주는 바람에 체적 계산이 더 복잡하게 되었다. 나는 어쩔 수 없이 수학과 김상옥 교수에게 자문을 구했다. 김 교수도 나의 집 짓는 일에 지대한 관심을 갖고 있는 사람이었다. 그는 다락방이 제 모습을 갖추어갈 무렵, 공사 현장에 와서 다락방의 길이를 재었다.

다음 날 김 교수가 나에게 건네준 A4 용지에는 내가 아무리 들여다봐도 이해할 수 없는 복잡한 수학식이 적혀 있었다. 결론적으로 우리집 다락방은 건축법에 저촉이 되지 않는다는 내용이었다. 나는 그것을 잘 간직하고 있다가, 나중에 준공검사 받을 때 면사무소 직원에게 내밀었다.

"이게 뭡니까?"

"한림대 수학과 교수가 계산한 가중평균높이입니다. 요컨대 우리집 다락방은 건축법의 기준을 잘 지키고 있다는 내용입니다."

9 '농촌 경관주택'으로 뽑히다

집 짓는 공사는 순조롭게 진행되고 있었다. 우씨가 행티를 부리고, 중간에 추석이 끼고 하는 바람에 조금씩 공기가 늦추어지기는 했다. 원래 계약서에는 공사기간이 9월 12일에서 10월 15일까지로 되어 있었다. 사장은 세상없는 일이 있어도 10월 말까지는 공사를 끝내겠다고 했다. 서까래를 올리는 날에는 돼지머리를 사다가 상량식(上梁式)을 했다. 마을사람들에 대한 일종의 신고식 같은 것이었다.

지붕과 벽면의 색깔을 놓고, 나와 사장 사이에 이견이 노출되었다. 내가 지붕은 돌회색으로, 벽면은 도토리색으로 하고 싶다고 했더니, 사장이 말했다.

"그 두 색깔이 다 어두운 색이라서 집의 분위기가 침침하게 보일 텐데요."

"그렇지 않아요. 막상 해놓고 나면 근사할 거예요. 이 색깔들은 주위 자연환경과의 조화를 염두에 두고 선택한 거예요. 나는 시골에 있는 주택이 너무 밝고 화려하게 보이는 것은 맞지 않다고 생각해요."

과연 지붕의 성글을 돌회색으로 올려놓고, 벽면의 나무를 도토리색으로 칠했더니, 집의 인상이 차분하면서도 세련되게 보였다. 목수인 조 팀장이 나에게 말했다.

"교수님 안목이 탁월한데요. 저도 처음에는 좀 이상하지 않을까 생각했어요. 하지만 막상 해놓고 나니까 마음에 드네요. 집의 설계도 그렇고요. 교수님, 학교 때려치우고 저하고 집 장사 한번 해보지 않으실래요? 교수님 안목과 제 기술을 합치면 얼마든지 돈벌 수 있을 것 같은데. 하하."

그러나 사실 그 색깔들은 나의 안목이 아니었다. 나는 손 교수와 땅 보러 다닐 때부터 전원주택을 만나면 많은 관심을 기울였다. 집의 외관을 볼 때는 지붕 색과 벽면 색의 조화를 중점적으로 보았다. 그리고 어떤 때는 직접 대문을 두드리고 들어가서, "전원주택 지으려고 하는 사람입니다. 집 좀 구경해도 되겠습니까?" 하고 주제넘은 짓을 하기도 했다. 하지만 거절을 당한 적은 별로 없었던 것 같다. 대부분의 경우, 자신이 살고 있는 전원주택을 은근히 자랑하고 싶어 하는 눈치였다. 그래서 친절하게 집 내부를 보여주곤 했다. 우리는 강원도 영월군에 있는 법흥사를 구경하러 갔다가 개울가에 서 있는 멋진 전원주택을 보았다. 그 전원주택의 지붕 색이 돌회색이었고, 벽면 색이 도토리색이었다. 물론 그 색깔의 이름은 주인에게 물어서 알아낸 것이었다. 그때, '나중에 집을 지으면 나도 저 색깔로 해야지' 하고 결심했던 것이다.

집을 짓는 동안, 시골에 집을 지으면 농촌주택개량사업의 일환으로 농협에서 장기 저리로 3,000만원을 융자해준다는 것을 알았다. 하지만 신청접수 기간이 벌써 끝난 상태라서 별 관심 없이 지냈는데, 하루는 면사무소에 들렀더니 직원이 융자를 받지 않겠느냐고 물었다.

"아니, 신청접수가 벌써 끝난 것으로 알고 있는데요."

"융자를 받게 되면 금년 내로 집을 지어야 하는데요, 사정이 있어 집을 못 짓게 된 사람이 생겼어요. 그래서 선생님이 대신 받을 수 있어요."

조건은 5년 거치 15년 상환이고, 연 3퍼센트의 이자였다. 이게 웬 떡이냐 싶어서 얼른 신청을 했다. 그뿐만 아니었다. 춘천시에서는 '아름다운 춘천 만들기'의 일환으로 그해에 농촌에 건축한 주택 중에서 '자연경관과 잘 어울리고 미학이 담긴' 경관주택을 선정하여 건축비 일부를 지원한다고 했다. 그것은 아직 신청 기일이 남아있었다. 선정 기준이 좀 까다롭기는 했지만, 밑져야 본전이다 싶어서 그것도 신청을 하기로 했다.

경관주택 선정 기준을 훑어보니 생나무울타리에 좋은 점수를 주는 것 같았다. 그래서 부랴부랴 조경업체에 의뢰해서 도로 옆으로 스무 그루쯤 주목을 심었다. 주택과 주목이 잘 어울리는 것 같았다. 신청서류에 주택과 주변 풍경을 찍은 사진을 첨부하도록 되어 있었다. 그 사진을 우드락에 붙여 코팅을 해서 내라는 것이었다. 나는 이 모든 것을 준비해서 면사무소를 통해 경관주택에 응모했다. 한 달쯤 뒤에 시청 홈페이지에 선정 결과를 발표한다고 했다.

이 두 가지 신청이 가능했던 것은 내가 일찍이 주소를 월송리로 옮겨놓았고, 또 이장에게 인사를 한 덕분이었다. 그런 것들을 신청하려면 주소지가 월송리이어야 하고, 또 농지위원들의 도장을 받아야 하기 때문이었다. 이장의 도움이 없었다면 다섯 명으로 구성된 농지위원들의 도장을 받는 데 애를 먹었을지도 모른다.

농촌주택 융자는 금방 나왔다. 한창 돈이 필요할 때인데, 얼마나 큰 도움이 되었는지 모른다. 하지만 경관주택에 대해서는 학교 일과 집 짓는 일로 하루하루를 정신없이 보내느라 한동안 잊고 있었다. 준공검사를 통과하고 막 입주해서 살고 있을 때였다. 웬 사람이 우리집 주변을 기웃거려서, 내가 나가보았다.

"무슨 일로 오셨습니까?"

"아저씨, 경관주택 신청한 적이 있어요?"

"그렇습니다만….."

"이 집 보니까 우리집만 못한데, 왜 나는 떨어졌지?"

그는 약이 올라 있었다. 우리집은 경관주택에 선정되고 자기 집은 떨어졌는데, 도대체 얼마나 잘 지었는지 보러 왔다는 것이었다. 그러면서 자기 집 사진을 보여주었다. 그 집은 내가 보기에 떨어져야 마땅한 집이었다. 콘크리트로 지은 현대식 집이어서 농촌 경관주택과는 거리가 멀어도 한참 멀었기 때문이다. 얼른 시청 홈페이지에 들어가보았다. 경관주택에 선정된 다섯 명은 몇날 몇시에 시청 건축과로 나오라고 되어 있었다. 정해진 시간에 시청 건축과로 갔더니, 세금 한푼 떼지 않은 500만원을 그 자리에서 내주었다.

10 '돌아온 백구'의 증손자 '길동이'

집이 완성되기 위해서 마지막 통과해야 할 관문이 정화조와 보일러였다. 정화조는 전화번호부에서 몇 군데 업체를 골라 전화를 걸었더니, '호반정화조'라는 데가 제일 저렴하게 값을 불렀다. 거기에 부탁해 50만원 주고 오수합병정화조를 묻었다. 오수합병정화조는 그 안에 유입되는 오물을 미생물들이 분해해서 내보내는 원리였다. 안은 세 개의 칸으로 분리되어 있었는데, 첫째 칸은 제1부패조, 둘째 칸은 제2 부패조, 셋째 칸은 침전조라고 했다. 미생물 증식을 돕는 급기용(給氣用) 모터는 24시간 켜두어야 하고, 정화조 내부는 반드시 1년에 한 번씩 청소를 해주어야 한다고 했다.

지금은 심야전기 허가를 잘 내어주지 않는다고 들었다. 이전에는 야간에 남아도는 전기를 가정에서 난방용으로 저렴하게 사용할 수 있도록 해주었다. 그러나 지금은 생산단가보다 공급단가가 낮아 수지가 맞지 않는다고 했다. 애초에는 시설비까지 지원해주었는데, 내가 심야전기를 놓을 무렵에는 시설비를 수요자가 부담하도록 되어 있었다.

우선 한전에 심야전기를 신청해서 허가를 받았다. 보통 1평당 0.85킬로와트 내지 1킬로와트를 사용한다고 해서, 나는 30평으로 계산해서 25킬로와트를 허가받았다. 심야전기 업체는 전화번호부를 뒤져서 물색했다. 소위 유명 메이커들 제품들은 보일러와 온수통을 합해서 700~800만원씩을 호가했다. 나는 '심야전기119'라는 업체를 통해서 '에이스'라는 제품을 540만원에 놓기로 했다. 보일러는 2,000리터짜리였고, 온수통은 300리터짜리였다. 나중에 온수통을 좀 작게 놓은 것을 후회했다. 온 식구가 다 모인 명절 때 샤워들을 하느라 온수가 동이 난 적이 있기 때문이다.

심야전기 보일러는 엄청나게 커서 온수통과 함께 많은 면적을 차지했다. 내가 집을 설계할 때 3평을 보일러실로 빼놓았는데, 그 3평을 거의 채울 정도였다. 워낙 덩치가 커서 그 방의 지붕 부분은 크레인으로 보일러를 먼저 집어넣고 나서 덮었다. 그리고 나중에 보일러를 밖으로 꺼내야 할 경우를 대비해서 커다란 철문을 두 개 달았다.

준공검사는 쉽게 통과했다. 입주청소를 하고, 마침내 11월 1일에 이사를 했다. 나무 집이라서 새집증후군 같은 것은 없었다. 나무 냄새가 은은하게 풍기는 게 좋았다. 이삿짐센터에 맡겨놓았던 짐들을 찾아서 정리를 했다.

집 내부는 어느 정도 정돈이 되었지만, 마당은 엉망진창이었다. 그동안 중장비들이 드나들어 패인 곳이 많았고, 남은 폐자재들이 여기저기 흩어져 있었다. 이사했다고 딸들이 다 모인 날, 나는 사위들과 함께 폐목재들을 모아서 마당의 한쪽 구석에 차곡차곡 쌓았다. 마당에 가마솥을 걸게 되면, 땔감으로 쓸 작정이었다.

마당 정비를 위해 조경업체 몇 군데를 선정해서 견적을 의뢰했다. 대부분의 업체가 조경석과 나무값을 합쳐 2,000만원가량을 요구했다. 나는 그만한 돈도 없었고, 또 나의 시골 누옥을 화려한 전원주택으로 꾸밀 생각도 없었다. 나는 궁리 끝에 양승률 사장에게 전화를 했다. 팔미리 토목공사와 교량공사를 맡기기로 했다가 무산된 바로 그 사람이었다. 그가 우리집에 와서 땅을 둘러보더니, 나와 비슷한 생각을 말했다.

"여기는 조경석 같은 것이 어울리지 않아요. 인삼밭하고의 경계에 축대를 쌓아야 하는데, 집터 팔 때 땅속에서 나온 저 돌들이면 충분해요. 그리고 수돗가도 만들어야 되잖아요. 앞마당에 하나, 정자 옆에 하나, 두 개를 만들어야 되겠네요. 포클레인 하루 작업하고, 수돗가 이틀 작업하고…. 다 합해서 200만원이면 되겠어요."

나는 마을길에서 집으로 들어오는 진입로가 될 부분을 스프레이로 표시했다. 진입로는 직선으로 들어오다가 수돗가 부근에서 다시 기역 자로 꺾여서 주택 쪽으로 들어오게끔 디자인했다. 애초에는 땅을 아끼기 위해 집 뒤쪽으로 진입로를 낼까 했는데, 경구하우스 사장이 강력하게 반대하는 바람에 계획을 바꾸었다. 양반집 출입로가 집 뒤쪽에 있어서는 안된다는 것이 그의 주장이었다. 울타리는 스무 그루의 주목 생나무울타리가 전부였고, 대문도 만들지 않았다. 울타리를 치고 대문을 만드는 것은 도시사람들이나 하는 짓이라고 생각했기 때문이었다. 진입로 저쪽은 밭으로 사용하고 이쪽은 잔디밭 및 꽃밭으로 사용할 생각이었다.

포클레인이 하루 종일 평탄작업을 한 결과, 진입로가 닦이고, 집 주위가 정돈되었으며, 70여 평의 잔디밭 자리가 생겼다. 집 주위와 데크 밑과 진입로에는 콩자갈을 깔았다. 데크 밑에 콩자갈을 깐 것은 그래야 뱀이 오지 않는다고 경구하우스 사장이 일러주었기 때문이다. 콩자갈을 깔아놓으면 뱀이 움직일 때 콩자갈에 비늘이 걸려서 뱀이 싫어한다는 것이었다.

집 안팎이 정리되자, 마당에 개를 키우고 싶어졌다. 집 안에는 아파트에서 키우던 몰티즈 두 마리가 있었다. 하지만 대문도 없고 울타리도 없으니 밖이 좀 허전했다. 만천리에 전원주택을 짓고 사는 유전공학과 위세찬 교수가 진돗개를 몇 마리 기르고 있다는 소문을 들은 적이 있었다. 위 교수에게 부탁을 하자, 선선히 진돗개 새끼 한 마리를 분양해주겠다고 했다.

약속한 날짜에 위 교수가 아직 귀가 서지 않은 진돗개 새끼 한 마리를 데리고 왔다. 족보가 있는 개라고 했다. 중조모 개가 그 유명한 '돌아온 백구'라고 했다. 털 색깔이 누런색인 이 강아지가 수캐여서 나는 '길동이'라는 이름을 붙여주었다. 개집은 이미 준비되어 있었다. 우리집 내장공사를 한 조 팀장이 실어다준 것이었다.

"교수님, 사시다가 집에 문제가 생기면 언제든지 전화 주세요. 제가 득달같이 달려와서 손봐드릴게요. 저는 개인적으로 교수님 내외분께 감동을 먹었어요. 저도 집을 많이 짓고 다녔지만, 이번 만큼 따뜻하게 대해주시는 분들은 처음이에요. 두 분의 친절에 뭔가 보답을 꼭 해드리고 싶어요."

"정 그러시다면, 시간 나실 때 개집이나 실어다주세요. 그 회사 마당에 있던 거."

조씨가 실어다준 것은 청글 지붕에 나무 사이딩을 한 멋진 개집이었다.

11 길동이의 호화주택

길동이는 무럭무럭 자랐다. 어느새 귀가 쫑긋 서더니 늠름한 사냥개의 풍모를 갖추어가고 있었다. 나는 길동이를 데리고 산책을 다녔다. 길동이는 나만 졸졸 따라오지 않고, 논두렁 밭두렁을 마구 누비고 다녔다. 그래도 내가 혹시 남의 농작물을 해치지나 않을까 걱정되어, "길동아, 이리 와" 하고 소리치면 다시 나에게로 달려오곤 했다.

그런데 길동이가 점점 말을 듣지 않고 제멋대로 행동하기 시작했다. 내가 불러도 좀체 오지 않아서 산책길이 힘들어지기 시작했다. 어떤 때는 길동이가 인삼밭 사이로 사라져서 내가 찾으러 다녀야 했다. 이 녀석이 남의 농작물을 해치지나 않을까 마음이 조마조마했다. 또 어떤 때는 개울로 내려가서 첨벙거리고 다니는 바람에 온몸을 다 적시기도 했다.

내가 길동이를 훈련시키지 않은 게 잘못이었다. 개 훈련시키는 방법도 몰랐고, 개 훈련소에 보낼 생각도 하지 못했던 것이 탈이었다. 개를 산책길에 데리고 다닐 생각이라면, 개가 주인보다 앞서 나가는 법이 없도록 미리 훈련을 시켜야 한다는 것을 나중에야 알았다. 나는 하는 수 없이 개목걸이와 목줄을 사다가 길동이를 말뚝에 묶었다.

말뚝에 묶인 길동이는 처음 며칠 동안은 발광을 하다가 점점 체념하는 것 같았다. 나 혼자 혹은 아내와 함께 산책을 나가면, 낑낑

대면서 자기도 좀 데려가달라고 사정을 했다. 개를 묶어놓으니 똥
치우는 일도 보통 일이 아니었다. 하는 수 없이 똥을 누이기 위해
서 목줄을 묶은 채로 데리고 나갔다. 길동이는 미친 것처럼 숨을
헐떡대며 나를 끌고 갔다. 어찌나 힘이 센지 하마터면 내가 넘어
질 뻔했다. 똥을 누고 나면 좀 나아지려니 했는데, 마찬가지였다.
간신히 집으로 끌고 들어왔다. 그 이후로는 어지간히 결심이 서지
않는 한, 길동이 똥 누이러 나갈 엄두를 내지 못했다.

집 안에서 키우는 몰티즈하고는 달리, 길동이는 살이 찌는 법이
없었다. 항상 날씬한 몸매를 유지했다. 살이 좀 붙으려나 싶으면,
스스로 먹는 것을 줄였다. 짐승이 먹는 것을 줄이기가 쉽지 않을
텐데, 아마 사냥개의 본능인가 싶었다. 사냥개가 살이 찌면 사냥
을 제대로 못할 테니까 말이다. 길동이는 몸매뿐만 아니라 얼굴도
수캐답게 잘생겼다. 보는 사람마다 "허, 그놈 잘생겼네" 하고 칭
찬들을 했다.

그래서 마을에서도 인기가 높았다. 암캐를 키우는 집에서는 다
들 길동이를 사위 삼고 싶어 했다. 그래서 자기 집 암캐가 암내를
피우면 길동이를 빌려갔다. 한번은 '이 녀석이 남의 집에 가서 어
떻게 지내고 있나' 하고 궁금해서 가보았다. 나는 길동이가 반가
워서 "길동아!" 하고 불렀다.

그런데 이게 웬일인가. 이 녀석이 나를 힐끗 보더니, 그 다음에
는 모른 체하는 것이 아닌가. 암캐한테 미쳐도 단단히 미친 모양
이었다.

길동이의 인기를 말해주는 또다른 일화가 있다. 웬 암캐 한 마

리가 길동이를 찾아온 것이다. 아주 못생기고 볼품없는 개였는데도 길동이는 그 암캐를 싫어하지 않고 잘 놀았다. 길동이가 암캐만 보면 사족을 못 쓰는 것이 얄미워서, 나는 그 못난이를 내쫓았다. 그러나 이 녀석은 아랑곳하지 않고 그 다음 날도 찾아와서 길동이와 함께 놀았다. 그리고 셋째 날에는 마침내 둘이 짝짓기를 하고 말았다. 말뚝에 묶여 있는 길동이가 장가를 간 것이다.

길동이는 아무런 훈련이 안되어 있는 개여서, 그 흔한 명령어를 하나도 못 알아들었다. "앉아, 일어서"도 몰랐고, "발" 해도 발을 내밀 줄 몰랐다. 그냥 나에게 달려들어 핥으려고만 했다. 우리집에 찾아온 사람들이 길동이에게 "앉아, 일어서!" 해도 그냥 멀뚱멀뚱 쳐다보기만 할 때는 창피스러웠다. 그래서 손님이 가고 나면 "이 바보야, '앉아, 일어서'도 못 해?" 하면서 주먹으로 머리를 쥐어박곤 했다.

딸 식구들이 다니러 올 때는 사위들이 길동이를 산책시켰다. 산책에서 돌아온 사위에게 "힘 안 들었어?" 하고 물으면, "아휴, 말도 마세요, 이 녀석이 힘이 장사예요" 하고 혀를 내둘렀다.

한번은 둘째 사위가 길동이를 산책시키고 돌아와서는, "아버님, 길동이는 함부로 쥐어박고 할 개가 아니던데요" 하면서 놀랐다는 표정을 지었다.

"왜, 무슨 일이 있었어?"

"네, 길동이를 데리고 가다가 다른 개를 만났어요. 꽤 덩치가 큰 개였어요. 목줄을 매지 않은 채 주인을 따라오고 있었는데, 이 녀석이 길동이를 건드린 거예요. 그랬더니 길동이가 번개같이 달려들어 그 개를 물었어요. 그 개는 깽깽거리며 도망쳤지요. 주인이 불러도 오려고 하지 않았어요. 하도 순식간에 일어난 일이라서 말릴 틈이 없었어요."

나는 이 장한 진돗개가 허구한 날 말뚝에 묶여 지내는 것이 안쓰러웠다. 그래서 양승률 사장에게 전화를 해서 개 우리를 하나 만들어줄 것을 부탁했다. 적어도 우리 안에서는 자유롭게 돌아다닐 수 있게 해주고 싶었기 때문이다. 양 사장도 "그건 그래요, 저도 길동이가 말뚝에 묶여 있는 게 보기에 딱했어요" 하고 동의했다.

우리를 짓기로 약속한 날, 학교에서 돌아온 나는 깜짝 놀랐다. 마당에 호랑이 우리만한 건축물이 서 있었기 때문이다. 가로 3미터, 세로 2.5미터 정도의 콘트리트 기초 위에 사방을 철망으로 막고 지붕을 씌운 거대한 우리였다.

우리가 너무 크다 싶었지만 이왕에 만든 것이니 어쩌랴. 나는 속으로 '돈이 좀 들어서 그렇지, 좋은 점도 있을 거야. 지붕이 있으니 개가 비 맞을 염려도 없고, 여름 땡볕에 헉헉거릴 일도 없잖아. 그리고 바닥이 콘크리트라서 똥오줌을 싸도 씻어내기 쉬울 거야' 하고 자위를 했다. 목수 조씨가 실어다준 개집하고도 잘 어울렸다. 호화주택인 셈이었다.

12 시골에선 창고 없이 못살아

그런데 예상치 않은 일이 벌어졌다. 길동이가 그 우리를 싫어하는 것이었다. 개는 자기를 내보내달라고 아우성을 쳤다. 문을 발로 긁으면서 나를 향해 애원하는 눈초리를 보냈다. 낯설어서 그런가 보다 하고, 못 본 체 내버려두었다. 그런데 길동이가 똥을 싸지 않는 것이었다. 오줌도 가능한 한 참는 눈치였다. 예삿일이 아니었다. 길동이가 똥을 싸지 않은 채 사흘이 되자, 아내가 안달을 했다.

"길동이가 저러다 큰 병 나겠어요."

나는 하는 수 없이 길동이에게 목줄을 채우고, 우리 밖으로 꺼내었다. 개는 그야말로 광란의 수준으로 나를 끌고 집 밖으로 나가더니 풀숲에다 똥을 한 발채나 쌌다.

가만히 생각해보니까, 길동이가 새 우리를 싫어하는 이유를 알 것 같았다. 길동이는 똥을 누고 나면 반드시 주위의 흙을 끌어모아 자신의 배설물을 덮었다. 자신의 흔적을 적에게 보이지 않으려는 사냥개의 본능인 것 같았다. 길동이는 또 흙 파는 것을 취미로 삼았다. 말뚝 주위에 열심히 흙을 파서 작은 구덩이를 만들어놓기 일쑤였다. 그런 녀석을 콘크리트 바닥 위에 가두어놓았으니, 싫어할 수밖에 없지 않겠는가.

나는 하는 수 없이 길동이와 개집을 우리에서 꺼내어 원상복구를 했다. 그리고 빈 우리를 어떻게 할 것인가를 놓고 아내와 의논했다.

"창고로 만들어 써요. 어차피 창고를 지을 거라고 했잖아요."

좋은 생각이다 싶어서 양 사장에게 다시 전화를 했다. 나는 그에게 자초지종을 설명하고서, 그 우리를 창고로 만들어달라고 부탁했다. 양 사장은 철망 속에다 라이트라는 투명함석을 둘러치고 전기시설을 해서, 그것을 훌륭한 창고로 만들어주었다.

시골에서는 창고 없이는 살 수가 없다. 시골에 가면, 사는 집보다 창고가 더 큰 것을 흔히 볼 수 있다. 농부들에게 창고의 용도는 헤아릴 수 없을 만큼 많다. 우선 수확한 농작물을 넣어두어야 한다. 가을이 되면 한꺼번에 쏟아지는 벼, 고구마, 콩, 들깨 등의 곡식과 각종 과일을 넣어두어야 한다. 그리고 차광막, 보온덮개, 비닐 같은 농자재들도 넣어두어야 한다. 특히 비닐로 된 제품들 — 퇴비 포대들과 각종 화학비료 포대들 — 은 천막을 씌우지 않고 밖에다 쌓아두면 햇볕에 삭아버린다. 또 소, 돼지, 닭과 같은 가축을 기를 경우, 사료 포대들도 쌓아두어야 한다.

우리는 고추건조기를 보일러실에 설치했지만, 마을사람들은 대부분 창고 속에 설치한다. 그 외 콩탈곡기, 정미기, 도정기, 분무기, 파쇄기, 양수기 등이 있으면, 그것들도 창고의 한 부분을 차지할 수밖에 없다.

창고의 또다른 용도는 소위 차고(garage) 기능이다. 꼭 자동차를 넣어두지 않더라도, 자동차에 관한 모든 것을 넣어두어야 한다. 요즘 농부들은 이른바 '비이클(vehicle)'을 여러 대씩 가지고 있다. 타이탄 트럭을 비롯해서, 경운기, 관리기, 트랙터 그리고 승용차가 그것들이다. 이런 것들을 유지·관리하기 위해서는 컴프레서를 비롯한 엔진톱, 전기톱, 전기드릴, 각종 공구 등 온갖 도구와 장비들을 다 갖추고 있어야 한다. 그래서 농부들은 거의가 반(半)기술자들이다. 큰 고장이 아닌 웬만한 잔고장들은 자신이 직접 수리한다.

우리 같은 엉터리 농사꾼도 살다 보면 창고에 넣어둘 잡동사니들이 넘쳐나게 된다. 나는 못쓰는 종이상자 등 종이류를 태우고 나면, 그 재를 빈 비닐포대에 넣어서 모아둔다. 나중에 칼리 거름으로 쓰기 위해서다. 그런 비닐포대들도 밖에 내놓으면 햇볕에 삭기 때문에 창고 속에 넣어두어야 한다. 이런저런 잡동사니들을 넣어두기 위해서 나는 비닐하우스 창고를 하나 더 지었다. 비닐하우스 위에 차광막을 씌우면 훌륭한 창고가 된다. 물론 바닥이 흙이라서 물건에 따라서는 넣어두기가 마땅하지 않을 수도 있다. 그래서 나는 값싼 파레트(플라스틱으로 된 깔판)를 여러 개 사서 비닐하우스 창고 바닥에 깔았다.

창고 이야기라면, 정치학과 홍광엽 교수를 빼놓을 수가 없다. 홍 교수는 홍천군 굴지리에 땅을 사서 집을 지었다. 거기서 상주하는 것은 아니지만, 나중에 퇴직하면 상주할 것이라고 집을 제대로 지었다. 농사는 나보다도 더 엉터리였다. 하지만 시골생활을 무척 좋아해서 틈만 나면 굴지리에 가서 시간을 보냈다.

그는 목공을 좋아해서, 평소에 책상이며 책장 같은 것을 자기 손으로 직접 만들어 썼다. 그런데 문제는 그런 목공작업을 아파트에서 해왔다는 데 있다. 생각해보라. 목공작업을 할 때 나오는 톱밥과 먼지들을. 그리고 전기톱을 사용할 때의 그 시끄러운 소음을. 부인과 이웃의 눈총을 얼마나 받았겠는가! 그래서 그는 굴지리에 집을 지을 때, 집보다도 창고 짓는 데 더 신경을 썼다고 했다.

과연 놀라울 만큼 큰 창고였다. 우리가 방문했을 때 그의 창고는 벌써 반 이상이 각종 물건으로 가득 차 있었다. 행거 옷걸이에 걸린 작업복이 서른 벌은 넘어 보였다. 작업용 신발도 수십 켤레는 되어 보였다. 톱만 해도 목공용 톱 외에 고속절단기, 엔진톱, 전기톱, 원형톱, 지그소 등 다섯 개나 있었다. 창고에서 목공작업을 하다 화장실에 가고 싶어질 때, 집 안으로 건너가기가 귀찮다고 한쪽 구석에 변기까지 설치해두었다.

그뿐 아니었다. 다른 쪽 구석에는 오래된 소파, 의자, 탁자 등이 수북이 쌓여 있었다. 홍 교수 부인의 말에 의하면, 홍 교수는 재활용품을 수집하는 취미가 있다고 했다. 자신이 사는 아파트의 주민들이 고물 가구들을 내다 버리면, 홍 교수는 그것들을 트럭에 싣고 와서 창고 속에 넣어둔다는 것이었다. 그는 목공에 필요한 자재와 고물 가구들을 운반하기 위해서 트럭도 한 대 구입했다.

몇년 후 우리가 두 번째로 굴지리를 방문했을 때는 그 창고에 들어갈 수가 없었다. 창고의 바로 문 앞까지 물건으로 가득 차 있었기 때문이다.

13 마당에 잔디 심고, 꽃밭도 만들고

비록 작은 것이기는 하지만, 길동이 덕분에 엉겁결에 창고가 생겼다. 이제 잔디밭을 꾸밀 차례였다. 나는 애초에 마당의 70평 정도를 잔디밭으로 조성하기로 작정하고 땅을 비워두었다. 그리고 거기에 마사토를 갖다 붓고 평탄작업을 해두었다. 잔디밭이 좀 크지 않느냐고 할지 모르나 내 나름대로의 이유가 있었다.

내가 시골에 집을 지으려고 하는 목적 중의 하나가 우리 손자들에게 '외갓집'을 만들어주자는 것이었다. 방학 때면 찾아가 몇 주씩 머물면서 잠자리도 잡고, 강냉이도 삶아 먹는 그런 외갓집 말이다. 왜 하필 외갓집이냐 하면, 나는 딸만 셋을 두고 있기 때문이다.

나도 어린 시절 방학을 맞아 외갓집에 갔던 추억이 있다. 외갓집 사립문을 들어서는데, 할머니가 툇마루에 앉아 계셨다. 나는 반가운 마음에 "할머니이!" 하고 달려갔다. 그런데 할머니는 "와?" 하고 물으시는 것이 아닌가. '와?'는 '왜?'의 경상도 방언이다. 내가 할머니를 불렀으니, 왜 불렀냐고 묻는 셈이었다. 할머니도 내심 내가 반가웠을 것이다. 말씀은 비록 무뚝뚝하게 하셨지만 얼굴에는 함박웃음이 가득 찼으니 말이다.

내가 잔디밭을 좀 크게 조성하려고 마음먹은 것은, 거기서 손자들이 마음껏 뛰어놀 수 있도록 하고 싶어서였다. 잔디밭이 좀 커야 공차기도 하고, 배드민턴도 치고, 겨울이면 눈싸움도 할 것이 아닌가. 그래서 잔디밭 안은 꽃나무나 돌 같은 것으로 조경을 하지 않고 완전히 비워두기로 했다.

잔디밭을 만들려면 뗏장을 사다가 가늘게 잘라서 가로세로 줄을 띄워 심으라는 얘기를 들었다. 그렇게 하면 차차 번져서 잔디밭 전면을 꽉 채워준다는 것이었다. 아이고, 어느 천년에! 당장 손자들이 잔디밭에서 뛰어놀고 싶어 할 텐데. 그래서 나는 처음부터 뗏장을 꽉꽉 채워 심기로 했다. 경관주택으로 선정되어 받아놓은 상금도 있지 않은가.

전화번호부를 들춰 보니, 잔디 식재해주는 곳이 몇 군데 있었다. 그중 한 곳을 골라서 찾아갔다. 꽃나무와 잔디를 파는 농원이었다. 잔디를 심어주는 데 평당 1만 2,000원이라고 했다. 70평이니까 84만원이라는 계산이 나왔다. 이왕 온 김에 옥향나무도 30그루 심어달라고 했다. 잔디밭과 출입로 경계에다 심기 위해서였다.

잔디를 심기로 한 날, 뗏장과 함께 인부 열다섯 명이 왔다. 전부 나이 든 아주머니들이었다. 그들은 가래 같은 것으로 마사토를 평평하게 골랐다. 그러고는 일렬로 죽 늘어서서 잔디를 심기 시작했다. 한 시간이 채 안되어서 누런색의 뗏장이 잔디밭을 메웠다. 며칠 후 양 사장이 와서 잔디밭과 진입로의 경계선에 보도블럭 경계석을 설치해주었다.

잔디밭 주위에는 디귿 자로 꽃밭 만들 자리를 마련해두었다. 꽃밭에 관한 한 아내의 의견을 존중하기로 했다. 집 앞쪽 꽃밭과 잔디밭 건너편의 꽃밭에는 꽃과 키 작은 관목들을 심기로 했다. 집 왼쪽 편의 도로 쪽 꽃밭에는 꽃과 키 큰 나무를 몇 그루 심기로 했다. 집 앞쪽에 키 큰 나무들을 심지 않기로 한 것은 전망이 막히는

148

것이 싫었기 때문이다. 그리고 도로 쪽에 키 큰 나무들을 심기로
한 것은, 그것들이 이미 심어놓은 주목들과 함께 도로로부터 집 안
을 가려줄 것으로 기대했기 때문이다.

꽃밭 만드는 데는 오춘택 교수가 많은 도움을 주었다. 그는 야
생화와 허브에 조예가 있었다. 자주 산과 들로 야생화 촬영을 다녀
서, 야생화 사진만 수백 장을 보유하고 있었다. 그리고 틈만 나면
허브농장을 방문했고, 아로마 목욕도 다녔다. 나는 야생화와 허브
의 이름을 잘 알지 못한다. 야생화도 일종의 잡풀인지라, 다른 잡
풀들처럼 이름들이 요상해서 잘 외워지지가 않기 때문이다. 알고
있는 것이라고는 꿩의다리, 금강초롱, 매발톱 정도이다. 또 허브에
대해서는, 사이먼앤가펑클의 노래(〈Scarborough Fair〉)에 나오는
"parsley(파슬리), sage(세이지), rosemary(로즈메리) and thyme(타
임)"이라는 단어들이 허브 이름이라는 것을 아는 정도이다.

아무튼 오 교수는 우리집 꽃밭의 반 이상을 야생화와 허브로 채
워주었다. 그리고 그 나머지 부분은 아내가 자기 좋아하는 꽃들로
채웠다. 내가 심고 싶은 꽃은 장미와 백합이었다. 장미꽃은 5월부
터 10월까지 오랫동안 피고 지고 하는 것이 큰 장점이다. 그리고
백합은 비록 5월 한때이기는 하지만, 그 기품이 주위를 압도하는
매력이 있다.

나무는 박근갑 교수와 오춘택 교수가 추천하는 나무들을 심기
로 했다. 박 교수는 시골에 집 짓고 살면서 나무를 많이 심어봤고,
오 교수는 야생화와 허브뿐만 아니라 나무에도 상당한 조예가 있
었다. 이 두 사람은 키 큰 교목(喬木)으로는 노각나무, 이팝나무,

산딸나무, 함박꽃나무, 단풍나무, 모과나무, 매실나무, 목백일홍, 산수유, 목련 등을 추천했다. 그리고 키 작은 관목(灌木)으로는 라일락, 명자나무, 앵두나무, 진달래, 철쭉 등을 추천했다.

내가 심고 싶은 나무는 감나무와 소나무였다. 감나무는 어릴 때 외갓집 마당에 달려 있던 홍시에 대한 추억 때문이었다. 소나무는 윤선도의 〈오우가(五友歌)〉 중 '솔'에 대한 묘사가 마음에 들어서였다.

더우면 꽃 피고 추우면 잎 지거늘
솔아 너는 어찌 눈서리를 모르느냐
구천의 뿌리 곧은 줄을 그로 하여 아노라

소나무가 추운 겨울에도 잎이 지지 않는 것은 뿌리가 깊게 뻗어 있기 때문이다. 그런데 그 뿌리는 눈으로는 볼 수 없고 슬기로운 마음으로만 파악할 수 있다니, 그 뜻이 자못 심오하지 않은가. 그리고 또 내가 사는 곳이 월송리(月松里)가 아니던가.

14 환갑 나이에 묘목 심어 어느 세월에

박근갑 교수와 오춘택 교수가 추천해준 나무들을 사다 심었다. '호반농원'을 비롯한 몇 군데 업체에서 200만원어치의 나무를 샀다. 경관주택 상금이 아니었으면 나무 사는 데 선뜻 거금을 들이지 못했을 것이다. 나무를 심으니까 비로소 의연한 뜰의 모습이 갖추어지기 시작했다. 주택과 경관이 어우러지면서 풍경이 확연히 달라 보였다. 게다가 잔디밭에 잔디가 파릇파릇하게 돋아나고 꽃밭에 꽃들이 형형색색 피어나니 무릉도원이 따로 없었다.

땅을 살 때는 7월이어서 병풍처럼 둘러선 집 앞의 산들이 짙은 초록 일색이었다. 그런데 이듬해 봄이 되니까, 산색이 변화하는 모습이 보이기 시작했다. 우리 마을에는 잣나무 숲이 많지만, 다행히도 우리집 앞산은 낙엽송이 주를 이루고 있다. 나는 낙엽송의 이파리가 연초록에서 초록으로 변해가는 그러데이션이 그렇게 아름다운 줄 몰랐다.

게다가 봄이 무르익으니까 나무들 사이사이에 연분홍색 진달래가 발진처럼 돋아나고, 산벚나무의 하얀 꽃들이 곳곳에서 폭죽처럼 터져서, 그 병풍처럼 둘러싼 산들을 화사하게 장식했다. 그야말로 "나의 살던 고향은 꽃피는 산골"이었다.

그런데 안타깝게도 한 해가 지나자 내가 심었던 나무들 중 상당수가 죽었다. 노각나무와 목백일홍 그리고 감나무는 추위를 견디지 못했다. 셋 다 따뜻한 남쪽에서만 자라는 나무들 아닌가. 춘천의 겨울은 일기예보의 최저 온도에 오르내릴 정도로 춥다. 그런데 월송리는 춘천시내보다 2~3도 더 낮다. 겨울에는 최저기온이 영하 20도를 넘어서기도 한다. 복숭아나무들이 예사로 얼어 죽고, 어느 해는 밤나무 가지들이 반이나 얼어 죽은 적이 있다.

나무들이 죽은 데는 내가 너무 성목(成木)들을 갖다 심은 탓도 있었다. 나무농원에 가서 어린 묘목이 아니라 다 자란 성목들만 골라서 가져왔던 것이다. 다 자란 나무들은 옮겨 심을 경우 심한 몸살을 한다. 사람도 낯선 땅으로 삶의 터전을 옮기면 육체적·정신적 몸살을 앓기 마련인데, 식물인들 그렇지 않겠는가. 그래서 박 교수와 오 교수가 될 수 있는 한 묘목을 심으라고 권했지만, 나는 부득부득 우겨서 성목을 샀다. 내 나이가 환갑인데 어느 천년에 묘목을 키워 영화를 볼 것인가.

우리 나무들이 허무하게 죽은 데는 우리 땅 토질에도 원인이 있지 않나 싶었다. 나무를 심으면서 땅을 파보니까, 생활쓰레기 같은 허접한 폐기물들이 나왔다. 아마 애초에 땅을 만들 때 순수하게 흙만 갖다 부은 것이 아니었던 모양이었다. 농작물들이야 땅속으로 깊이 뿌리를 뻗지 않기에 별 지장이 없었을 것이다. 하지만 땅속으로 깊이 뿌리를 뻗는 교목들은 망가진 토질을 견뎌내지 못했을 가능성이 높다.

그래서 나는 관상수들이 죽은 자리에다 토종 과일나무들을 심어보기로 했다. 토종나무들은 아무리 척박한 땅에서도 잘 자랄 것이라고 믿었기 때문이다. 토종 과일나무들은 그 이름에 대체로 '개' 자와 '돌' 자가 많이 들어간다. 개살구, 개복숭아, 돌배나무 등이 그것이다. 그런 관형사들은 그 뒤의 체언(體言)이 어떤 환경이나 상황에서도 꿋꿋이 잘 버텨낸다는 것을 말하고 있지 않겠는가.

과연 토종나무들은 생존력이 강했다. 개살구와 돌배나무는 나무농원에서 사왔고, 개복숭아 두 그루는 내가 산에서 캐어다 심었다. 개복숭아는 산에서 캐낼 때 뿌리를 제대로 건사하지 못했는데도 불구하고 얄밉도록 잘 자랐다. 비록 관상수 축에 못 드는 나무들이기는 하지만 그 꽃들은 관상수의 그것들에 못지않게 예뻤고, 무엇보다도 병충해에 강했다. 이 토종나무들은 심을 때 거름을 듬뿍 주었더니, 이듬해부터 탐스런 열매들을 주렁주렁 매달았다. 그 동안 개복숭아주와 돌배주를 담글 때 열매를 이웃에서 얻어다 썼는데, 이제는 그럴 필요가 없어졌다.

진짜 과일나무 이야기를 해야겠다. 사과나무, 배나무, 포도나무도 성목을 사다 심었다. 사과나무 두 그루를 뒤뜰에다 심었다. 사과꽃이 피면 후원(後園)으로 나가서 사과꽃 향기를 맡게 될 것이라는 낭만적인 상상을 하면서. 그리고 또 두 그루는 아래 밭 축대 밑에 심었다. 아래 밭은 그 일부를 과수원으로 만들 구상을 하고 있었다.

뒤뜰에는 호두나무 두 그루도 심었다. 호두나무는 신북장에 갔다가 우연히 사게 된 것이다. 웬 영감이 뿌리를 흙으로 감싸지도 않은 나무들을 그냥 시멘트 바닥에 늘어놓고 팔고 있었다. 그런데도 농원에서 흙으로 고이 감싸서 옮겨 온 나무들보다 오히려 더 잘 자라고 있으니, 알다가도 모를 일이다.

배나무와 복숭아나무는 밭 쪽 도로 옆으로 심었다. 복숭아나무는 농원에서 나무들을 대량으로 살 때, 주인이 묘목 세 그루를 덤으로 준 것이다. 5미터 간격으로 심으라고 해서 그렇게 했는데, 심어놓고 나니 한심하기 짝이 없었다. 50센티미터쯤 되는 작대기 셋을 5미터 간격으로 꽂아놓은 꼴이 그렇지 않겠는가. 그러나 복숭아나무는 무섭게 자랐다. 심은 지 3년째 되니까 열매를 내놓기 시작했다. 단물이 주르르 흐르는 수밀도(水蜜桃)였다.

밭 쪽 토질은 집 쪽 토질하고 다른 모양이었다. 배나무는 거실에서 잘 보이는 곳에다 심었다. 이조년(李兆年)이 노래한 "이화(梨花)에 월백(月白)"하는 모습을 보기 위해서였다. 성목을 세 그루 심었는데도 잘 자랐다.

이화에 월백하고 은한이 삼경인제
일지춘심이야 자귀야 알랴마는
다정도 병인 양하여 잠 못 이뤄 하노라

내가 과수원을 만들고 싶다는 계획을 이야기한 것을 오 교수가 귀담아 들었던 모양이었다. 어느 일요일에 아내와 함께 외출했다가 오후 늦게 돌아와 보니, 오 교수가 혼자서 아래 밭에다 과수원을 만들어놓고 있었다.

15 소나무 위에 뜬 달

오춘택 교수는 내가 이해 못할 구석이 있는 사람이다. 그는 사서 고생하는 것을 좋아한다. 그는 한겨울 연구실에 있을 때 좀처럼 난방을 켜지 않는다. 왜 그러고 있느냐고 물으면, 자기 몸이 너무 따뜻한 것만 좋아하지 않도록 훈련시킨다는 것이다. 그는 농사일을 할 때도 깜깜해져서 아무것도 안 보일 때까지 일을 한다. 이제 그만하자고 내가 사정하면, "요 하던 것 마저 해놓고요" 하면서 기어코 하던 일을 마무리 짓는다.

그의 취미는 다양하다. 야생화, 허브, 낚시, 골프, 목공예 등이 그의 관심사인데, 그 모든 것에서 아마추어의 실력을 넘어선다. 한번 손을 대면 끝장을 보는 성격 덕분인 것 같다. 나는 그가 통나무를 오로지 톱과 끌로 자르고 깎아서 개다리소반을 만드는 것을 보았다. 그의 끈기와 인내심은 남을 질리게 하는 데가 있다. 그러나 그는 자기 일에만 열심인 사람은 아니다. 남의 일도 제 일처럼 최선을 다해서 도와준다.

오 교수가 나의 과수원을 혼자서 만든 것도 그런 극기(克己)훈련의 일환이었을까. 아무튼 그는 30여 평의 과수원을 쇠스랑과 삽만 가지고 점심을 사 먹어가며 하루 만에 만들었다. 쇠스랑으로 흙을 파헤치고, 삽으로 흙을 떠올려서 큰 두둑을 세 개 만들고, 거기다가 과일나무들을 심어놓았다. 사과나무 네 그루, 배나무 네 그루, 복숭아나무 네 그루 해서 총 열두 그루였다. 그 묘목들이 지금은 큰 나무로 자라서 해마다 많은 과일들을 생산해주고 있다.

이제 다른 나무들은 대충 다 심었으니 마지막으로 소나무를 심을 차례였다. 앞서도 말했지만, 나는 소나무에 대해서 남다른 관심을 가지고 있었다. 꼭 윤선도의 〈오우가〉 때문만은 아니었다. 명색이 월송리(月松里)에 사니까 소나무 위에 뜬 달을 꼭 보고 싶었다.

마을사람들에게 마을 이름이 왜 하필 '월송리'냐고 물었더니, 이렇다 할 답변을 내놓지 못했다. 다만 마을 근처의 산에 소나무가 많아서 그런 이름을 붙이지 않았겠는가 하고 짐작들을 할 뿐이었다. 소나무는 그렇다 치고, 그러면 달은? 마을 이름이 원래는 월굴(月窟)이었다고 했다. 그러고 보니 농협 같은 데서 사람들이 어디에 사느냐고 물어올 때, "월송3리에 살아요" 하면, "아, 월굴에 사는군요" 하는 소리를 들은 것 같기도 했다.

인터넷을 검색해보니, 사전에는 월굴이 서쪽의 달이 지는 곳을 지칭한다고 되어 있었다. 또 중국 송나라의 시인 소강절(邵康節)이 《주역(周易)》의 복희팔괘(伏羲八卦)를 읊은 시구 중에 그 말이 나온다고도 했다.

천근 월굴이 한가로이 왕래하는 가운데
삼십육궁이 온통 봄이로소이다

여기서 천근(天根)은 양(陽)으로 남자를 말하고, 월굴(月窟)은 음(陰)으로 여자를 말하는데, 음양이 조화되어야 우주에 봄기운이 넘친다는 뜻이다. 그러고 보니 소나무는 남자의 기상을, 달은 여자의 부드러움을 나타내어 '월송'이 음양의 조화를 이룬다는 뜻이라고 내 나름대로 해석을 했다. 그래서 나는 소나무 위에 뜬 달이 꼭 보고 싶었던 것이다.

우두동에 있는 산림조합 농원에는 소나무가 많이 있지만 값이 너무 비쌌다. 웬만한 크기와 모양을 갖춘 소나무라면 최소 150만 원을 호가했다. 집까지 운반해서 심어주는 것도 아니었다. 그것을 큰 트럭에 실어서 옮기고, 크레인으로 들어 올려서 심고 하려면 도합 200만원 이상이 들어야 했다.

경춘 가도에는 나무 파는 농원들이 많다. 차를 몰고 서울 다녀올 때마다 그중에서 특히 소나무를 파는 농원들을 유심히 보곤 했다. 어떤 때는 농원으로 들어가서 값을 물어보기도 했다. 예상했던 대로 값이 너무 비쌌다.

어느 날 서울 갔다 오던 길에 '늘푸른농원'이라는 데를 들렀다. 주인이 자리에 없었다. 간판에 적힌 전화번호로 전화를 했더니 주인이 왔다. 길가에 있는 농원은 손님을 끌기 위한 매장이라고 하면서, 뒷산 쪽으로 안내하겠다고 했다. 뒷산에는 소나무가 많이 심겨 있었다. 눈에 띄는 소나무가 한 그루 있어서 그쪽으로 가려고 했더니, 아내가 나의 소매를 잡아끌었다. 아내가 가리키는 곳에 뿌리는 하나인데 가지가 두 개인 멋진 소나무 한 그루가 서 있었다.

농원 주인에게 값을 물어보니 60만원이라고 했다. 실어다주고 심어주기도 한다고 했다. 이거 웬 떡이냐 싶어 당장 계약을 했다. 반출허가가 나면 연락을 주겠다고 했는데, 사흘 후에 연락이 왔다.

나는 소나무 한 그루 심는 데 그렇게 많은 사람과 장비가 올 줄은 몰랐다. 차가 네 대가 왔다. 트럭이 두 대, 봉고차가 한 대 그리고 지프차가 한 대였다. 트럭 한 대에는 소나무가 실려 있었고, 다른 한 대에는 포클레인이 실려 있었다. 봉고차에는 인부들이 타고 있었고, 지프차에는 농원 주인이 타고 있었다.

포클레인이 땅을 깊게 팠다. 인부들이 지하수를 끌어와서 한참 동안 그 구덩이를 채웠다. 나무를 심기 전에 물을 충분히 넣는 것이 비결인 모양이었다. 그들은 소나무를 심은 후, 파냈던 흙을 다시 묻고, 그 위에 밭에서 떠온 흙을 더 쌓아서 두둑을 높이 만들었다. 내가 농원 주인에게 이렇게 해서 수지가 맞느냐고 물었다.

"이 한 그루면 수지가 안 맞죠. 춘천지역에서 주문 받은 것들을 모아서 하루에 다 심어요."

16 화학비료의 폐해

　내가 새로운 땅에서의 삶을 순조롭게 개척을 해나간 데에는 연구년의 도움이 컸다. 손병홍 교수는 그 전해 가을학기부터 연구년에 들어갔고, 나는 그해 봄학기부터 연구년에 들어갔다. 연구년은 글자 그대로 강의의 부담에서 벗어나서 연구에만 전념하는 해이다. 대부분의 교수들은 연구년이 되면 해외로 나간다. 해외에서 새로운 지식과 정보를 접해서 재충전의 기회를 갖기 위해서다. 그러나 새로운 땅에 집을 지은 나는 해외에 나갈 형편이 못 되었다.

　그래서 나는 집에서 그동안 수집한 책과 자료들을 가지고 연구를 하면서 논문을 쓰기로 했다. 그야말로 주경야독의 삶을 살기로 한 것이다. 월송리에 집을 지으니까 무엇보다도 좋은 것은 집과 땅이 함께 붙어있다는 점이었다. 이제는 주말만이 아니라 생각나면 언제든지 밭에 나가서 일을 할 수 있게 되었다. 여름 땡볕 아래에서가 아니라 아침저녁으로 선선할 때 일하기를 그동안 얼마나 소원했던가.

　나는 그 넓은 밭을 모조리 삽으로 갈아엎었다. 300여 평 규모의 밭을 처음 대하는 것은 아니었지만, 새로운 환경에 적응하면서 농사짓는 것이 결코 쉽지만은 않았다. 아직은 이장 외의 마을사람들과 친분을 쌓지 못했기에 트랙터로 밭을 갈아달라고 부탁할 사람이 없었다. 땀을 뻘뻘 흘리면서 삽과 쇠스랑과 쇠가래만으로 흙을 다듬어서 이랑을 만들다 보니, 체중이 5킬로그램 정도 빠졌고, 똥

배가 쑥 들어갔다.

월송리 밭은 토양이 좋지 못했다. 그 전에는 그 젊은 주인의 어머니가 농사일을 해왔다고 했다. 60대 초반의 아주머니였는데, 요즘 보기 드물게 허리가 구부러져 있었다. 그녀는 아들 내외가 맞벌이를 다니는 바람에 손자 두 명까지 돌보고 있었다. 그 불편한 몸으로 살림을 도맡아 하면서 아이들을 키우는 짬짬이에 농사일을 해왔다고 하니, 오죽했겠는가.

그 땅을 처음 봤을 때, 밭 주변에 빈 퇴비 포대들이 없는 것을 보고 의아하게 생각했던 기억이 났다. 보통 농사짓는 집에서는 빈 퇴비 포대들을 모아서 묶어두기 마련이다. 그러면 나중에 고물상이 트럭을 가지고 와서 비누나 휴지와 바꾸어 간다. 그런데 그 밭에는 퇴비 포대들 대신에 요소비료 포대와 복합비료 포대만 몇 개 나뒹굴고 있었다. 그러니까 퇴비 대신 화학비료들만 가지고 농사를 지어왔다는 이야기다.

나는 영농교본들을 통해서 화학비료가 땅을 망친다는 사실을 알고 있었다. 화학비료가 들어간 흙에는 부식질이나 유기물이 없어서 이를 먹이로 하는 지렁이나 미생물이 생존하기가 힘들다. 화학비료를 계속해서 사용하면 땅이 굳어지고 비료분의 농도가 높아지기 때문이다. 화학비료는 흙 속에서 쉽게 녹아 이온화되므로 작물의 뿌리로 빨리 흡수된다. 그러나 화학비료를 이온화시키기 위한 촉매가 칼륨인데, 이를 장기간 사용하면 토질이 산성화되어 버린다. 따라서 단기적 작물의 성장에는 효과가 있지만, 토양을 산성화함으로써 장기적으로는 땅을 버려놓게 되는 것이다.

특히 질소질을 주성분으로 하는 요소비료의 폐해는 더욱 심각하다고 한다. 흙에 질소질이 지나치게 많으면 잎의 빛깔이 진한 녹색이 되고 무성해져서 줄기와 잎이 연약해진다. 게다가 잘 쓰러지고 조직이 약해져서 병해충이 많이 생기기도 한다.

화학비료만으로 지은 채소류에는 필연적으로 질산염이 많이 들어있다. 거름을 특히 많이 필요로 하는 무나 배추에는 질산염이 5,000피피엠이나 들어있고, 단순 가공품인 무말랭이에도 1만 피피엠 이상이 들어있다고 한다. 이런 채소를 먹게 되면 채소류의 질산염이 사람의 침과 섞여 아질산염이 되고, 아질산염은 다시 생선과 고기 속의 아민과 결합하여 강력한 발암물질인 니트로사민을 만든다고 한다. 질산염은 암을 일으킬 뿐만 아니라, 우리 몸속에서 혈액 중의 헤모글로빈과 결합하여 산소 공급을 방해하므로 사람의 몸을 푸른색으로 변하게 한다. 몇해 전 서울에서 갓난아이에게 분유를 지하수에 타서 먹였더니 아기가 청색증에 걸려 목숨을 잃은 사고가 있었다. 땅속에 흘러들어간 질산염이 지하수를 오염시킨 탓이다. 선진국에서는 채소를 팔기 전에 질산태질소의 함량을 측정해 일정한 양이 넘으면 무조건 퇴비장에 버린다고 한다. 퇴비장에 버리는 이유는, 식물이 이 성분으로 아미노산을 만들 수 있기 때문이다.

꼬부랑 아주머니가 화학비료를 주로 썼다는 심증은 우리 밭에 병해충이 많이 생기는 것으로 입증이 되었다. 여름에 손자들이 올 것에 대비해서 수박과 참외를 많이 심었는데, 모조리 병들어 죽었다. 토마토도 10주나 심었는데, 반은 열매도 못 맺어보고 시들어 죽었고, 반은 열매를 맺었으나 그 열매가 병이 들어 못 먹게 되었다.

나는 당분간은 땅을 살리는 데 전력을 다해야겠다고 생각했다. 내가 생각한 땅 살리기 방법은 단순했다. 흙에 퇴비를 많이 투여하는 것이다. 영농교본을 통해서 알게 된 퇴비의 효과는 상상 이상이었다. 우선 퇴비는 작물의 생장기능을 촉진시킨다. 퇴비를 주게 되면 흙 속에 미생물이 증가하여 유기물 분해가 시작되는데, 분해과정에서 생성되는 각종 무기영양분을 작물이 흡수하여 생육이 촉진되는 것이다. 또 퇴비는 토양의 물리화학성을 개선시킨다. 퇴비는 토양의 구조를 홑알 구조에서 떼알 구조로 전환시켜 토양 공극(孔隙)을 만든다. 그렇게 되면 흙의 통기성과 투수성이 원활해져서 뿌리의 신장이 촉진되는 것이다. 뿐만 아니라 중금속 등 유해물질의 해독이 경감되고, 유익한 길항균이 증식되어 병해충의 발생이 완화되게 되는 것이다.

흙에 퇴비를 많이 투여하는 나의 처방에는 부작용도 따랐다. 콩과 들깨를 비롯한 작물들이 웃자라게 되어 수확이 오히려 줄어드는 것이다. 하지만 꼬부랑 할머니가 화학비료로 망쳐놓은 흙의 질성을 되살려놓는 것이 급선무였다.

17 3주 걸려 만든 비닐하우스

어느 날 시내에 나갔다가 오춘택 교수 연구실에 들렀다. 이런저런 이야기를 나누는 가운데, 내가 고추를 심기 위해 비닐하우스를 지을 생각이라고 말했다. 오 교수가 반색을 했다.

"나도 비닐하우스에 관심이 많아요. 얼마 전에 홍천에 갔다가 아주 잘 지은 비닐하우스 한 채가 눈에 띄기에, 차에서 내려서 한참을 살펴봤지요. 집에 오자마자 그 비닐하우스의 상세도를 그려놓았어요." 그는 책상 서랍에서 그림 한 장을 꺼냈다.

과연 못 말리는 오 교수였다. 그 그림에는 비닐하우스의 모양뿐만 아니라, 거기에 든 자재들과 문의 모양까지 상세히 그려져 있었다. 우리는 지체 없이 비닐하우스를 짓기로 합의했다.

비닐하우스는 아래 밭에다 짓기로 했다. 거기가 지대가 낮고 집과의 거리가 멀어서, 집에서 보면 덜 흉할 것으로 생각되었기 때문이다. 우리는 일요일에 비닐하우스 지을 자리를 정해서 그 대략적인 면적을 재어보기로 했다.

아래 밭의 개울가로는 정자가 앉아 있고, 정자 옆으로는 과수원이 들어서 있다. 그것들이 차지하고 있는 면적을 제하면, 작은 비닐하우스 한 채와 큰 비닐하우스 한 채를 지을 자리가 남았다. 농협에 가서 알아보니, 하우스파이프의 규격은 8미터, 9미터, 11미터로 구분되어 있었다. 그래서 폭 9미터짜리 한 채와 11미터짜리 한 채를 짓기로 했다. 11미터짜리는 길이를 16.5미터로 하기로 했다. 11미터짜리 파이프 한 개와 그것을 반으로 자른 5.5미터를 연결핀으로 이으면 16.5미터가 되기 때문이다.

오 교수는 하우스 두 채를 짓는 데 소요될 자재들의 수량을 계산하기 시작했다. 제일 중요한 것은 파이프의 간격을 몇 센티미터로 할 것인가였다. 비닐하우스를 짓는 비용 중에서 파이프가 차지하는 비중이 제일 크다. 간격을 넓게 하면 파이프 개수가 줄어들지만, 겨울에 폭설이 오면 무너질 위험이 농후하다. 그래서 우리는 원칙대로 파이프를 60센티미터 간격으로 세우기로 했다.

비닐하우스를 짓는 데는 하우스파이프 외에도 피스못, 조리개, 하우스클립, 하우스패드, 패드스프링, 패드필름, 파이프연결핀, 새들고정구, T고정구, 개폐기 등 크고 작은 자재와 부속들이 수십 가지나 되었다. 하기야 비닐하우스도 어엿한 집이 아닌가.

비닐하우스를 교수 둘이서 직접 짓는 것은 만만한 일이 아니었다. 지내리에서 비닐하우스를 지을 때는 하우스파이프 파는 업체에서 파이프를 구부려서 실어다주었다. 그러나 서춘천농협에서는 파이프를 실어다주기만 하지, 구부려주지는 않는다고 했다. 그래서 내가 물었다.

"그럼 파이프를 어떻게 구부려요?"

"아, 하우스파이프 밴딩기를 빌려드려요. 전기모터로 구동되는 밴딩기예요. 지금 현암리에 가 있는데, 이번 주 토요일에는 실어다드릴 수 있어요."

약속한 날 아침에 밴딩기가 왔다. 꽤 무겁고 큰 기계였다. 농협 직원이 사용법을 일러주고 갔지만, 막상 작업을 하려니 뜻대로 되지 않았다. 오 교수와 둘이서 낑낑대고 있는데, 원월호 이장이 지나가다가 들렀다.

"그거 그렇게 하면 안돼유. 이리 줘보슈. 교수님들은 파이프 양쪽 끝을 잡고 잡아당기슈. 수평을 잘 맞추어서 당기셔야 해유."

이장은 익숙한 솜씨로 작업을 지휘했다. 수평 맞추는 게 중요한 일이었다. 파이프의 길이가 길기 때문에 수평이 조금만 틀어져도 파이프 전체가 뒤틀리기 때문이었다. 농협에 볼일이 있어 가던 참이라던 이장이 농협에는 안 가고 계속 우리를 도와주었다.

우리는 점심을 사 먹어가면서 오후까지 밴딩작업을 계속했다. 반원(半圓)으로 구부러진 철제 서까래들이 수북이 쌓였다.

다음 날부터 하우스 짓는 작업이 본격적으로 시작되었다. 11미터짜리 큰 하우스부터 짓기로 했다. 우리는 땅에다 파이프를 박아 넣을 구멍을 뚫은 후, 쌓아둔 서까래 파이프들을 옮겨 와서 양쪽 구멍에 맞춰 박아 넣었다. 그러고는 그 서까래 파이프들을 16.5미터 길이의 수평파이프와 결속시켰다. 결속의 도구는 조리개였다. 조리개의 탄력이 워낙 강해서 나처럼 악력이 약한 사람은 다루기 힘들었다. 평소 자신의 악력을 자랑하던 오 교수는 일자 드라이버를 사용해서 잘도 체결(締結)해나갔다.

T고정구, 새들고정구와 같은 고정구들을 하우스파이프에 고정시킬 때는 전동드릴로 피스못을 박았다. 전동드릴이 꽤 무게가 나가는데도 오 교수는 힘들이지 않고 잘 다루었다. 하우스파이프가 둥글기 때문에 피스못을 박으려면 상당한 요령이 요구되었다. 나도 한번 해보려고 했으나 피스못이 계속 미끄러져서 잘 되지를 않

왔다.

　큰 비닐하우스를 완성하는 데는 3주가 걸렸다. 연구년이 아닌 오 교수는 주말에만 시간이 났고, 연구년인 나는 혼자서 아무 일도 할 수 없었기 때문이다. 11미터짜리 하우스를 완성하고 나니, 9미터짜리 하우스 만드는 작업은 훨씬 수월했다. 하기야 9미터짜리는 길이도 연장을 하지 않고 그대로 사용해서, 11미터 하우스의 반밖에 되지 않는다. 파이프의 길이는 2미터밖에 차이가 나지 않는데도 하우스의 높이는 두 배쯤 차이가 나는 것 같았다.

　하우스를 만들었다고 해서 바로 고추를 심을 수 있는 것은 아니다. 하우스 안에는 비가 내리지 않으니까 관수시설을 해야 고추를 심을 수 있다. '아그리마트'라는 업체를 찾아갔다. 하우스 두 동에 관수시설을 해달라고 했더니, 처음에는 거절을 했다. 방동리에서 대규모로 작업하는 게 있어서, 그런 소규모 작업은 할 수 없다는 것이었다. 내가 포기하지 않고 월송리는 방동리의 바로 이웃 마을임을 내세웠더니, "아, 그러면 방동리 작업 하고 오는 길에 잠깐 짬을 내어 만들어드리면 되겠네" 하고 승낙을 했다.

　그리하여 600리터짜리 수조(水槽), 전기모터, 플라스틱 파이프, 기타 부속품 값에다 인건비까지 합해서 일금 60만원을 들여서 관수시설을 했다.

18 정자는 집 가까이에 지어야

월송리 생활이 어느 정도 안정이 되니까 집들이할 일이 남았다. 마을사람들, 영문과 교수들, 인문대 교수들, 경남중·고 동창들, 서울대 문리대 동창들 등 초대할 그룹들이 많았다.

마을사람들부터 초대했다. 원월호 이장에게 초대사실을 방송으로 알려달라고 부탁했다. 시골은 모든 공지사항을 이장이 방송으로 알린다. 방송을 시작하기 전에 유행가부터 트는 게 순서다. 그것은 잠시 후 방송을 하겠다는 예비 신호 역할을 한다. 카세트 테이프를 트는 모양인데, 이장이 바뀔 때마다 트는 곡목이 달랐다. 나이 든 사람이 이장을 할 때는 '가요반세기'가 주를 이루고, 비교적 젊은 사람이 이장을 할 때는 '7080'이 주를 이룬다.

유행가가 끝나면 '딩동댕 대앵' 하는 차임벨 소리가 나고, 이장의 목소리가 흘러나온다.

"월송3리 주민 여러분, 안녕하십니까? 안내말씀 드리겠습니다. 오늘 저녁 여섯 시에 새로 이사 오신 김재환 교수님께서 집들이를 한다고 합니다. 많은 참석 부탁드립니다. 다시 한번 말씀드리겠습니다…"

마을사람들을 초대할 때 나의 관심사는 '과연 우씨가 나타날 것인가'였다. 마을사람들과 함께 나타난 우씨는 풀이 죽은 모습이었다. 그는 방 한쪽 구석으로 가 앉으면서 나에게 어색한 웃음을 지었다. 우씨 부인이 "교수님, 지난번에는 죄송했어요" 하고 남편

대신 짤막한 사과의 말을 했다.

"다 지나간 일인 걸요." 나도 짤막하게 대꾸를 해주었다.

마을사람들은 우리 동네 평균 학력이 높아졌다고 좋아들 했다. 20여 호밖에 안되는 마을에 교수가 둘이나 살게 되었다는 것이다. 우리 마을에는 나 말고 또 한 사람의 교수가 살고 있다. 한림성심대 유아교육과에 재직하고 있는 여자분인데, 어머니와 단둘이 살고 있다고 한다. 나보다 먼저 집을 짓고 들어온 그분과 나는 그날 처음으로 인사를 나누었다. 한림성심대는 한림대와 자매학교여서 우리는 남다른 친밀감을 느꼈다.

다음으로는 경남중·고 동창들을 초대했다. 춘천에는 경남중·고 졸업생들이 30여 명 거주하고 있다. 마을사람들을 초대했을 때는 집 안에서 대접을 했지만, 이번에는 아래 밭 정자에서 대접을 했다. 그날 온 후배 중에는 강원경찰청장이 있었다. 그는 나에게 "시골생활 하는 데 특별히 불편한 점이 있습니까?" 하고 물었다. 내가 "집이 좀 외져서 아내가 무서움을 타는 게 문제야" 하고 대답했더니, 그는 "이 동네에는 도둑이 들어오지 않겠네요. 이렇게 양쪽으로 길이 나 있고 그 가운데 지점에 파출소가 있는 곳을 도둑들이 싫어해요"라고 말해서 우리 부부를 안심시켜주었다.

사실 도시에 살던 여자들이 시골에 오면 무서움을 많이 탄다. 도시와는 밤의 색깔이 다르기 때문이다. 밤에 바깥을 내다보면 그야말로 암흑천지이다. 칠흑 같은 어둠이란 말이 실감나는 곳이다. 그래서 '세콤'과 같은 방범경비시스템을 설치하는 사람들도 있다. 우리 마을 노인회장 댁은 세콤을 단 것도 모자라서, 공기총을 허가받아 비치해놓고 있다고 한다. 그 부인이 무서움이 많이 타서다. 하지만 살다 보면 차차 익숙해지기 마련. 지금은 아내가 무서움을 덜 타는 것 같아 다행으로 여기고 있다.

그날 온 후배 중에는 한전에 근무하는 젊은이가 있었다. 그는 우리 비닐하우스를 보더니, "선배님, 저 모터는 농사용 전기로 돌리지요?" 하고 물었다.

"아니, 그냥 일반 전기로 돌려."

"그러면 농사용 전기를 신청하세요. 비닐하우스와 모터 사진을 찍어서 신청하면 돼요. 농사용 전기와 일반 전기는 값이 많이 차이가 나거든요."

후배가 시키는 대로 했더니, 금방 한전에서 사람이 나와서 농사용 전기를 달아주었다. 농사용 전기는 지하수를 퍼 올리는 데도 사용하고, 고추건조기를 돌리는 데도 사용한다. 고추건조기는 전기 잡아먹는 귀신이어서, 그것을 일반 전기로 가동하면 전기요금이 한 달에 몇십 만원씩 나온다고 한다.

그런데 아래 밭 정자에서 손님 대접을 하다 보니 문제가 있었다. 집과 정자와의 거리가 50미터쯤 떨어져 있어서 음식이며 집기들을 손수레에 실어 날라야 했다. 게다가 음식은 한 번에 다 만들어지는 것이 아니어서, 여러 번에 걸쳐서 날라야 했다. 휴대용 가스레인지의 부탄가스가 떨어져도 집으로 달려가서 가지고 와야 했다. 여간 번거로운 일이 아니었다.

더 귀찮은 것은 집들이가 끝나고 뒤처리를 할 때다. 다행히 정자 옆에 수돗가가 있어서 설거지는 거기서 했다. 쓰레기들을 주워

담고, 사용한 집기들을 다시 집으로 실어 나를 때는 후회막급이었다. 정자를 집에서 멀리 떨어진 곳에 짓는 게 아니었다. 정자를 지을 때는 아무 생각 없이 그곳이 제자리라고 생각했다. 개울가 가래나무 밑이 여름에 시원하기도 하고 경치가 좋아서 망설이지 않고 그곳을 선택했던 것이다.

그러나 정자의 위치를 선정할 때는 최우선적으로 집과의 거리를 고려해야 한다. 무엇보다도 집에서 멀면 정자를 이용하지 않게 된다. 정자가 집 가까이 있으면 여름에는 수시로 올라가서 낮잠도 자고, 손님이 올 때는 편하게 대접도 할 수 있으니 얼마나 좋은가.

그래서 다음번 인문대 교수들을 초대했을 때는 정자가 아니라 잔디밭에서 집들이를 했다. 인문대 교수들을 초대한 시기는 봄학기가 끝나는 6월 말이었다. 그때는 파티를 해도 될 만큼 잔디가 많이 자라 있었다. 잔디밭에 6미터짜리 자바라 천막을 치고 간이 식탁과 의자들을 배치했다. 정자만큼 운치는 없었지만, 넓고 커서 손님 대접하기에 안성맞춤이었다. 잔디밭 주위의 꽃밭에는 꽃들이 많이 피어 있었고, 밭에는 작물들이 꽤 많이 자라 있었다. 밭에서 바로 상추와 쑥갓을 뜯어 와서 수돗가에서 씻을 수 있으니 얼마나 편리한가. 구옥 해체할 때 나온 구들장에다 삼겹살을 구워서 대접했더니 다들 좋아했다.

19 드디어 상수도가 들어오다

춘천은 봄철에 가뭄이 심하다. 봄농사에 한창 물이 필요할 때 비가 잘 오지 않는다. 어느 해는 장마철을 학수고대했는데, 비는 막상 세 번인가 오고 말았다. 마른장마란다. 춘천에서 물 걱정을 하는 건 아이러니가 아닐 수 없다. 사방을 댐이 둘러싸고 있는 호반의 도시가 아닌가. 하지만 댐에 갇혀 있는 물은 춘천과는 아무 상관이 없다.

다행히 월송리는 물이 귀하지 않은 지역이다. 아무리 심한 장마에도 지하수가 마른 적이 없었다고 한다. 땅속을 깊이 파면 암반수가 나온다고도 한다. 그러나 우리집 지하수는 깊이가 6미터 정도밖에 안된다. 먼젓번 주인이 기계가 아니라 사람을 동원해서 팠기 때문에 그 정도 깊이밖에 못 팠다고 했다. 하지만 수량(水量)은 많은 편이다.

우리는 지하수를 식수로는 사용하지 않았다. 생수를 사다 먹거나 약수터에서 물을 길어다 먹었다. 농부들이 논밭에 농약과 제초제를 많이 뿌리고 또 질소질 비료를 많이 사용해서 수질이 좋지 않을 가능성이 있기 때문이다. 그래서 지하수는 화장실, 세탁실, 설거지 등 허드렛물로만 사용했다.

봄에 가뭄이 들자 나는 잔디밭과 채마밭에 스프링클러를 설치했다. 그런데 두 대의 스프링클러를 동시에 돌릴 수가 없었다. 한 대만 틀 때는 스프링클러가 잘 돌아갔다. 그러나 두 대를 동시에

트니까 수압이 약해지면서 돌지를 않았다. 한 대씩 돌리게 되면 자연히 시간이 많이 걸린다. 이래서는 안되겠다 싶어서 지하수의 모터펌프를 살펴봤다. 한일자동모터펌프였다. 모터펌프에 그것을 판매한 대리점의 전화번호 스티커가 붙어있었다.

전화를 걸어 상담을 요청했더니, 후평동에서 대리점 사장이 왕림했다. 머리가 벗겨진 사람이었다.

"왜 이렇게 수압이 약해요? 스프링클러 두 대를 동시에 못 돌리니…."

"0.5마력짜리라서 그래요."

"그럼 어떻게 해요?"

"1.5마력짜리로 바꿔 달면 돼요. 스프링클러 서너 대는 거뜬하게 돌리니까. 그렇게 하려면 지하로 내려가는 호스도 굵은 걸로 갈아 끼워야 돼요."

"그렇게 해주세요."

사장은 한참 동안 공사를 했다. 모터펌프를 설치해놓은 공간이 좁아서 애를 먹는 것 같았다. 모터펌프와 호스를 갈고 나서 시운전을 했다.

"처음에는 모래와 잔돌이 좀 올라올 거예요. 그러다가 한참 지나면 괜찮아져요."

그러나 한참이 지나도 모래는 계속 올라왔다. 모래 양이 많이 줄기는 했지만 싹 없어지지는 않았다. 사장은 땅 밑이 마사토라서 그렇다고 했다. 지금은 속을 뒤집어놓아서 그런데, 안정이 되면 괜찮아질 거라면서 마무리 공사를 하고 갔다.

과연 수압이 강해지기는 했다. 잔디밭과 채마밭의 스프링클러 두 대가 동시에 쌩쌩 돌아갔다. 그러나 모래는 시간이 지나도 없어지지 않았다. 수도꼭지에서 모래가 나왔다. 양변기에서도 모래가 나왔다. 세탁기에서도 모래가 나와서 세탁기가 멈춰 섰다. 애프터서비스를 불러서 고쳤는데, 모래가 멈추지 않는 한 또 고장이 날 거라고 했다. 수도꼭지가 막혔다. 우리집 수도꼭지는 통짜 주물(鑄物)로 된 것이어서 모래 세척이 안된다고 했다. 많은 돈을 주고 수도꼭지를 통째로 갈아야 했다.

후평동의 대머리 사장을 믿을 수 없을 것 같았다. 엘지자동모터펌프 대리점 한 군데에 전화를 했다. 젊은 사장이 왔다. 사장은 여과기를 달아야 한다고 했다. 과연 여과기를 달았더니 집 안의 수도에 모래가 안 나왔다. 하지만 여과기에 모래가 차면 모터펌프가 멈추어 서기 때문에, 수압이 약해지면 여과기를 열어 청소를 해주어야 한다고 했다. 그것도 여간 성가신 일이 아니었다.

내가 월송리에 살게 된 후 가장 기뻤던 때는 마을에 상수도가 들어왔을 때였다. 이장이 반상회 때 상수도가 들어온다는 소식을 알렸다. 며칠 후 토목장비들이 들어와서 도로의 시멘트를 쩨고 땅을 팠다. 국도에서 마을길로 수도관을 끌어오는 공사는 나라에서 해주고, 마을길에서 자기 집까지의 공사는 자부담으로 해야 한다고 했다. 시청 민원실에 가서 내가 제일 먼저 신청을 했다.

상수도가 들어오니 이제는 우리집 내부의 물길을 바꾸어야 했다. 우리집 물길의 구조는 원래 지하수에서 집으로 물이 들어오고, 집에서 다시 마당으로 물이 나가게 되어 있었다. 그런데 수도가 들어오니, 지하수에서 집으로 들어오던 관을 끊고 거기에 수도 관을 연결해야 했다. 그것은 간단한 공사였다. 하지만 지하수를 마당으로 연결하는 것이 문제였다. 집 주위로 땅을 길게 파서 마당으로 연결을 해야 하기 때문이다.

지하수를 마당으로 연결하는 공사를 맡길 업자를 수소문해보았다. 한 업자가 와서 보더니 공사대금으로 170만원을 요구했다. 생각보다 큰 액수였다.

그때 우리는 엄광용 씨네와 친하게 지내고 있었다. 엄씨를 비롯한 몇몇 사람과 생일계(生日契)를 조직해서 가끔 회동하여 밥도 먹고 술도 마시곤 했다. 한번은 내가 식사 자리에서 물길공사 견적이 170만원이나 나왔다는 이야기를 했다. 엄씨가 펄쩍 뛰었다.

"170이요? 말도 안되는 소리유. 가만히 계셔 보시우. 내가 어떻게 해볼 테니."

며칠 후에 엄씨가 전화를 했다.

"교수님, 저 위에 사는 홍씨가 자기 집 마당 공사를 하는데유, 포클레인을 오전에만 쓴대유. 오후에는 교수님 댁으로 돌릴 테니 기다리고 계슈."

포클레인이 땅을 파는 사이에, 나는 엄씨와 함께 시내에 나가 엑셀파이프를 비롯한 부속들을 8만원어치 사 왔다. 엄씨는 엑셀파이프 연결하는 데 도사였다. 그리하여 나는 부속 값 8만원과 포클레인 반나절 값 20만원 그리고 엄씨 저녁 대접하는 데 5만원 해서, 도합 33만원에 물길공사를 끝낼 수 있었다.

20 "밭맬래? 애 볼래?"

월송리에 이사했을 때부터 우리는 손녀 한 명을 돌보고 있었다. 둘째 딸의 첫 아이였다. 딸이 직장에 다니느라 아기를 키울 수 없어서 우리에게 맡겨놓고 있었다. 그러니까 월송리 생활은 우리 부부와 손녀, 이렇게 셋이 시작한 셈이었다. 다들 알겠지만, 애기 키우는 일이 예삿일은 아니다. 오죽하면 "밭맬래? 애 볼래?" 물으면, 밭을 맨다고 한다는 말이 있을까. 더구나 우리 손녀는 유달리 울보였다. 밤이고 낮이고 이유 없이 울어댔다. 아내가 밤에 잠을 못 자는 날이 많았다.

하도 울어서 병원에 데리고 갔더니, 손녀는 유아산통(乳兒疝痛)이라는 것을 앓고 있었다. 아기가 반복적으로 배앓이를 하고 발작적으로 우는 것을 유아산통이라 한다고 했다. 생후 10일경부터 시작하여 5~6개월까지 계속되는데, 원인은 한결같지 않다고 했다. 우유 알레르기도 원인의 한 가지라는데, 엄마의 젖을 못 먹어서 그런가 생각되어 애처로웠다. 병원에서 치료를 받기는 했지만 시간이 지나야 낫는 병이라고 했다.

딸이 셋이다 보니, 우리집은 산후조리원이나 다름없었다. 큰딸의 첫 아이는 후평동 아파트에 살 때 태어났지만, 나머지 손주 여섯 명은 모두 월송리에서 태어났다. 딸들이 우리집에 와서 출산을 하면 여러가지 좋은 점이 있었다. 우선 학교병원을 이용할 수 있었다. 학교병원에는 평소 잘 알고 지내는 산부인과 의사가 있어서 안심이 되었다.

큰딸은 진통을 오랜 시간 동안 했다. 의사는 가능한 한 자연분만을 하는 것이 좋다고 하면서 기다려보자고 했다. 진통이 여덟 시간이나 지속되어 딸이 탈진상태가 되었다. 딸이 빨리 수술을 해달라고 애원을 했다. 의사와 상의한 끝에 제왕절개를 하기로 했다. 이처럼 긴박한 상황에서 잘 아는 의사가 있으면 큰 힘이 된다. 게다가 학교병원을 이용하면 병원비를 할인받는 혜택이 있다. 우리 학교는 교직원 복지의 일환으로 가족들 병원비를 깎아주는데, 그 범위가 손자까지 해당되었다.

딸들은 출산을 한 후에 예외 없이 몸이 퉁퉁 부었다. 산부인과 의사에게 물어보니, 출산 직후에 대부분의 여성들이 겪는 산후부종(産後浮腫)이란다. 산후부종은 임신기간에 생긴 부기가 빠지지 않고 정체되어 있는 것을 말한다고 했다. 임신을 하게 되면 배 속의 아기를 키우기 위해 평소보다 더 많은 수분과 지방을 몸속에 저장하게 된단다. 하지만 출산 후의 급격한 호르몬 변화 등 여러 가지 원인으로 혈액순환이 잘 이루어지지 않아, 몸속에 수분과 노폐물이 쌓이게 되어 부종이 생긴다는 것이다.

그런 산후부종에는 호박즙이 특효약이었다. 호박즙을 만드는 방법은 어렵지가 않다. 우선 겉이 단단하고 속의 씨가 잘 여문 맷돌호박의 꼭지 부분을 냄비 뚜껑처럼 둥글게 도려낸 뒤 씨를 긁어낸다. 그런 다음 꿀을 한 홉쯤 호박 속에 넣고 뚜껑을 다시 막은 뒤 시루에 넣고 푹 찐다. 이렇게 찐 호박을 삼베 같은 것으로 꾹 짜서 그 즙을 수시로 복용하면 부기가 거짓말처럼 빠지는 것이다.

그래서 우리는 해마다 맷돌호박을 심었다. 옆의 인삼밭과 우리 밭 사이에는 폭 2미터, 각도 30도 정도의 경사가 있는데, 우리는 거기다가 맷돌호박을 심었다. 맷돌호박을 심을 때는 구덩이를 크게 파서 퇴비를 듬뿍 넣어주어야 한다. 개똥을 모아두었다가 넣어주어도 좋고, 한약 찌꺼기를 구해다가 넣어주어도 좋다. 맷돌호박은 손이 안 가는 작물이다. 그냥 내버려두어도 저 혼자 줄기를 뻗어가면서 꽃을 피우다가, 가을이 되면 맷돌만 한 호박들을 내놓았다.

서울에 사는 둘째 딸 부부는 주말마다 월송리에 내려왔다. 금요일 저녁에 와서 이틀간 아기와 함께 지내고 일요일 밤에 서울로 갔다. 일요일 밤이 그들에게는 가장 고통스러운 시간이었을 것이다. 갓난쟁이를 떼어놓고 떠나는 심정이 오죽했겠는가. 오늘날 직장여성들이 보편적으로 겪는 직장과 육아의 딜레마 속에서 엄마와 아기의 생이별이 이어졌다.

그들은 마침내 생이별을 끝내기로 했다. 그때 둘째 사위는 서울에 있는 모 건설회사에 다니고 있었는데, 지방근무를 자청하여 춘천으로 내려오기로 결심한 것이다. 당시 그 건설회사는 춘천댐 근처에서 70번 지방도로 확장공사를 하고 있었다. 그 공사 현장은 우리집에서 7킬로미터 정도밖에 떨어져 있지 않는 곳이었다. 자동차로 10분이면 출퇴근을 할 수 있는 거리였다.

둘째 딸이 이사를 와서 월송리 식구가 다섯으로 늘게 되었다. 항상 엄마와 함께 지내게 된 아기는 유아산통이 현저히 줄어들었다. 아내도 딸과 함께 살게 되니 훨씬 외로움을 덜 타게 되었다. 모녀간에 웬 이야기가 그렇게 많은지. 두 여자는 남자들이 샘이 날 정도로 수다를 떨었다. 막상 사위와 나는 별 대화가 없었기 때문이다.

월송리에 살게 된 딸 부부는 월굴(月窟)의 정기를 받아서인지, 얼마 안 가서 둘째 아기를 가졌다. 이번에는 아들이었다. 아이가 둘로 늘어나니 문제가 생겼다. 딸의 입장에서 월송리 생활이 불편해진 것이다. 우선 병원이 먼 것이 문제였다. 요새 아이들은 감기를 달고 살지 않는가. 게다가 둘째 아기는 호흡기가 약해서 자주 병원 문턱을 넘나들어야 했다.

다음으로는 교통이 문제였다. 둘째 딸은 갓난아기에 매여 있어서 아내가 첫째 아이를 돌보아야 했다. 그러나 농사일이 바쁠 때는 그게 여간 버거운 일이 아니었다. 첫째 아이가 세 살이 넘자, 한손 덜기 위해서 어린이집을 알아보았다. 그런데 월송리까지 통학차를 보내주려고 하는 어린이집이 쉬 나타나지를 않았다.

둘째 딸 부부는 할 수 없이 시내에 아파트를 얻어 나가기로 했다. 우리 부부도 사실은 그들과 함께 사는 것이 편하지만은 않았다. 손자들이 눈에 넣어도 안 아플 정도로 귀엽기는 했다. 하지만 아내가 농사일로 바쁜 와중에 또 육아까지 도와주기에는 무리가 있었다. 고백하자면, 손자들은 한없이 귀엽기도 하지만, 한없이 성가신 존재이기도 했다. 오죽하면 손자를 두고 "오면 반갑고, 가면 더 반갑고"라는 말이 나왔을까.

21 월송3리의 고양이 많은 집

시내로 물건을 사러 나가기가 번거로우니까 우리는 택배를 많이 이용했다. 시골의 경우, 택배 배달 아저씨들은 주소보다는 그집의 특징을 보고 찾아온다. '초록색 지붕 집', '집 앞에 큰 은행나무가 있는 집', '마을회관 옆집' 등이 그것들이다. 택배아저씨들사이에서 우리집은 '마을회관 밑엣집', '큰 잔디밭 있는 집' 혹은 '고양이 많은 집' 등으로 불린다. 그중에서 '고양이 많은 집'이란별명은 우리집 데크 난간에 고양이들이 늘상 줄을 지어 앉아 있는데서 비롯된 말일 것이다.

"여보세요. 택밴데요. 거기가 월송3리 어디쯤이죠?"

"마을회관 밑에 있는 갈색 나무집이요."

"아, 그 고양이 많은 집. 알겠어요."

우리집에 고양이가 많은 것은 사실이다. 우리한테 밥 얻어먹는고양이가 열다섯 마리쯤 된다. 하지만 우리가 기르는 고양이, 즉우리의 애완을 받고 사는 고양이는 딱 두 마리뿐이다. 나머지는모두 야생 고양이인데, 우리가 밥을 주니까 우리집에 눌어붙어 있는 것이다. 밥을 얻어먹으면서 상주를 한다면 그것이 집고양이지어째서 야생 고양이냐고 반문할지 모른다. 그러나 그들은 밥만 얻어먹었지, 우리하고 어떤 정서적 교류도 없다. 밥만 얻어먹는 것이 아니라 우리집에서 새끼까지 낳아 기르면서도 말이다.

야생 고양이들은 사람에게 가까이 오지 않는다. 사람이 쓰다듬으려고 하면 잽싸게 도망쳐버린다. 사람한테 밥을 얻어먹고 살아도 야생의 유전자가 없어지지 않는 모양이다. 그런데 그동안 우리집에서 생장한 고양이들 중에서 딱 한 마리가 집고양이의 제스처를 취했다. 우리 손녀가 '포비'라는 이름을 붙인 고양이다. 이 녀석은 새끼 때부터 우리에게 가까이 왔고, 쓰다듬어달라고 애교를 부렸다. 우리가 머리를 쓰다듬거나 턱 밑을 긁어주면 벌렁 드러누워 그렁그렁 소리를 내기도 했다.

사람에게 가까이 오지도 않는 녀석들에게 왜 밥을 주느냐고 물을지 모르겠다. 이유는 두 가지이다. 그 하나는 고양이들 덕분에 우리집에 쥐가 없다는 것이다. 시골에는 어딜 가도 쥐가 많다. 그런데 우리는 죽은 쥐만 보았지, 살아있는 쥐는 여태 구경도 못했다. 고양이들은 쥐를 잡으면 꼭 잔디밭이나 심지어는 데크 위에 갖다 놓는다. 저들이 공밥 먹지 않는다고 시위를 하는 모양이다. 그러면 내가 땅을 파서 죽은 쥐를 묻는다. 아내는 쥐라면 질색을 하는 사람인데, 고양이들 덕분에 그 공포에서 벗어나게 되었으니 밥을 줄만하지 않은가.

우리집에 뱀이 없는 것도 고양이의 공로이다. 뱀도 죽은 뱀은 여러 마리 보았으나, 살아있는 뱀은 아직 보지를 못했다. 고양이들은 죽은 뱀도 잔디밭에 갖다 놓는다. 언젠가 텔레비전에서 고양이들이 뱀을 잡는 광경을 본 적이 있는데, 우리집 고양이들이 그것을 입증해준 셈이다. 얼핏 생각하기에는 뱀이 고양이보다 공격하는 동작이 더 빠를 것 같은데, 고양이의 앞발이 뱀의 주둥이보다 더 날쌘 모양이다.

고양이의 순간동작은 우리의 상상을 초월한다. 언젠가 거실에 앉아 있다가 창문 너머로 데크 난간에 새가 한 마리 앉아 있는 것을 보았다. 그때 데크 바닥에는 고양이 한 마리가 몸을 웅크리고 그 새를 노려보고 있었다. 새가 날아오르는 순간, 나는 놀라운 장면을 목격했다. 바닥에 웅크리고 있던 고양이가 전광석화처럼 공중으로 몸을 날려 새를 잡아채는 것이 아닌가. 고양이는 새를 입에 물고 바닥으로 사뿐히 내려앉았다. 고양이들은 그렇게 순발력이 좋은 데다가 손까지 자유자재로 쓸 수 있으니, 뱀에게 이길 만도 하다는 생각이 들었다.

우리가 고양이들에게 밥을 주자, 마을사람 한 사람이 겁을 주었다. "교수님, 고양이한테 그렇게 밥을 주면 자꾸 새끼를 쳐서 나중에는 감당 불능이 돼유. 백 마리도 넘게 불어날 테니깐유."

그러나 우리집 고양이 수는 항상 열다섯 마리 정도이다. 짝짓기의 계절이 되면 새끼들이 태어나서 잠시 숫자가 불어나지만, 시간이 가면 다시 열다섯 마리 정도로 줄어든다. 우리가 주는 사료의 양이 그 정도의 식수(食數)만 먹일 수 있는 것인지, 아니면 우리집의 규모가 그 정도의 수만 수용할 수 있는 것인지, 어느 쪽인지 모르겠다. 어찌 보면 고양이들이 자율적으로 개체 수를 조정하는 것이 아닌가 하는 생각마저 들기도 한다.

우선, 고양이 새끼들은 잘 죽는다. 낙상을 당해서 죽기도 하고, 뭘 잘못 주워 먹고 죽기도 한다. 길에 나갔다가 자동차에 치여 죽기도 하고, 심지어는 길동이한테 물려 죽기도 한다. 나는 죽은 쥐와 죽은 뱀뿐만 아니라 죽은 고양이도 꽤 많이 땅에 파묻었다. 아무튼 갓 태어난 새끼가 어른 고양이로 성장하려면 수많은 난관을 거쳐야 한다.

다음으로, 다 성장한 수고양이들은 집을 나간다. 자기가 알아서 나가기도 하고, 왕초한테 쫓겨서 나가기도 한다. 고양이 세계에서는 한 집에 왕초 수컷이 둘일 수가 없다. 우리집 열다섯 마리 고양이들 중에서 수컷은 한 마리밖에 없다. 그러니까 왕초 수컷이 열네 마리 암컷들을 다 거느리고 있는 셈이다.

암고양이들이 암내를 풍기기 시작하면, 우리집은 고양이들의 전쟁터로 변한다. 사방에서 수컷들이 몰려오기 때문이다. 고양이 수컷은 암컷의 암내를 10리 밖에서도 맡을 수 있다고 한다. 따라서 우리집 왕초는 그 많은 수컷들과 일일이 혈전을 벌여야 한다. 발정의 계절이 오면 우리 수컷은 온몸에, 특히 얼굴에 무수한 상처들을 훈장처럼 달고 다닌다. 나는 수컷들끼리 싸움판이 벌어지면, 쫓아 나가서 외간 수컷들을 내쫓는다. 막대기를 들고 쫓아가기도 하고, 돌을 던지기도 한다.

그러나 그것이 바보짓이었음을 나중에야 깨달았다.

22 서울서 온 고양이 '마오'

'포비' 말고 또 한 마리의 집고양이는 '마오'다. 마오는 서울에서 온 고양이다. 봉천동에서 병원을 개업하고 있는 처남 최정학이 아침 산책길에서 주운 고양이다. 정학 부부는 길가 바위 위에서 애처롭게 울고 있는 새끼 고양이를 보고 측은지심이 동하여 집으로 데리고 왔다. 그 새끼 고양이는 건강 상태가 좋지 않았다. 그래서 그 녀석을 동물병원으로 데리고 가서, 거금을 들여 치료를 받게 했다.

정학은 그 녀석에게 '마오'라는 이름을 붙여주었다. 고양이 묘(猫) 자를 중국식으로 발음하면 '마오'가 된다. 마오는 그 집 둘째 딸 희정의 극진한 사랑을 받으며 자라났다. 희정은 마오에게 고급 통조림 간식을 먹였고, 침대에서 데리고 잤다. 희정은 마오를 위해 고양이 장난감도 여러 개 구입했다. 병들어 죽어가던 아기 고양이가 하루아침에 은수저를 물게 된 것이다. 그러나 그 호강은 오래가지를 못했다.

마오의 불행은 정학의 집에 아기가 들어옴으로써 시작된다. 정학의 첫째 딸이 직장에 다니는 바람에 아기를 친정에 맡긴 것이다. 아기는 고양이털 알레르기가 있었다. 마오가 아무리 귀여움을 받았어도, 아기에게는 밀리게 마련이다. 마오가 그 집을 떠나는 것밖에는 해결책이 없는 것이다. 희정이 마오를 자기 방에서만 키우겠다고 고집을 부렸지만, 그게 어디 가능한 일인가. 정학은 고심 끝에 마오를 우리집에 맡기기로 했다. 이왕에 다른 곳으로 보내야만 한다면, 도시보다는 시골이 나을 것이라고 생각했기 때문이다.

마오가 우리집에 왔을 때는 중고양이쯤으로 자랐을 때였다. 희정은 마오의 간식과 장난감을 잔뜩 싸들고 왔다.

"고모님, 마오를 어디서 키울 거예요? 집 안에서 키울 거예요?"

"아니, 집 밖에서 마음껏 뛰어놀게 할 거야. 이왕 시골에 왔는데 집 안에 가둬둘 필요가 뭐 있겠어? 더구나 마오가 수놈이라며?"

이리하여 마오는 우리집 고양이가 되었다. 침대에서 우유 먹고 자란 고양이가 하루아침에 월송리 촌놈 고양이가 된 것이다. 우리도 그 점을 고려하여 마오에게는 특별대우를 했다. 야생 고양이들과는 따로 밥을 주었다. 마오는 우리가 잘 대해주니까 점차 우리를 주인으로 인식하고 시골생활에 적응해가는 것 같았다.

그때 우리집은 아직 '고양이 많은 집'이 아니었다. 그저 몇 마리가 왔다 갔다 하면서 우리 눈에 띄면 밥을 얻어먹고 하던 시절이었다. 그중에 제법 덩치가 크고 예쁘장하게 생긴 고양이가 한 마리 있었다. 우리는 그 녀석의 생김새만 보고 암컷일 것이라고 치부했다. 그래서 그 녀석을 보면, "어, 저기 묘령의 아가씨가 왔네" 하다가, '한창 나이의 암고양이'라는 뜻에서 '묘령'이라는 이름을 붙였다. 그러나 묘령은 암고양이가 아니라 수고양이였다. 수고양이도 그냥 수고양이가 아니라, 성질이 포악한 깡패 같은 녀석이었다. 그리고 얼굴도 점차 험상궂은 모습으로 변해갔다.

묘령이 마오를 괴롭히기 시작했다. 묘령은 우리집을 자신의 이른바 '나와바리'(세력권)로 생각했던 것 같다. 그런데 웬 수컷이 나타나서 자신의 구역을 침범했다고 생각한 모양이다. 아직 완전한 성년이 되지 못한 마오는 묘령의 적수가 못되었다. 묘령이 나타나면 삼십육계 줄행랑을 쳤다. 마오는 주로 옆 산의 잣나무 숲으로 도망쳤다. 그리고 묘령이 쫓아오면 10미터 높이의 잣나무 위로 죽을힘을 다해 기어올라갔다. 묘령은 나무 아래에서 마오가 내려오기를 기다렸다. 아마 침입자를 죽일 셈이었던 것 같다.

마오가 잣나무 위에서 우는 소리가 들리면, 우리는 막대기를 들고 마오를 구하러 갔다. 우리를 본 묘령이 도망을 쳤다. 아내가 마오를 향해 "마오, 마오, 내려와, 묘령이 도망갔어" 하고 소리치면 마오는 잣나무를 타고 내려왔다.

희정은 이틀에 한 번꼴로 전화를 해서 마오의 안부를 물었다. 우리는 처음에 마오가 잘 있으니 걱정 말라고 거짓말을 했다. 그러나 거짓말하는 데도 한계가 있는 것 같아서 희정에게 사실대로 말했다. 희정이 지체하지 않고 춘천으로 내려왔다. 마오는 희정을 잊지 않고 있었다. 둘은 우리집 현관에서 눈물의 상봉을 했다. 마오가 이미 야생의 상태라서 집 안으로 들이지는 못했고, 현관에서 상봉을 하게 했다. 그날 마오는 오랜만에 맛있는 간식을 많이 먹었다. 그리고 희정의 요청으로 현관에서 잠을 자는 특혜도 누렸다.

우리는 묘령을 제거할 방법을 모색했다. 묘령을 죽일 수는 없고, 생포해서 멀리 보내는 것이 상책이라는 데 의견이 모아졌다. 마취총이 해결책으로 대두되었다. 인터넷을 뒤져보니 마취총을 판매하는 곳이 있기는 했다. 그러나 마취총은 총포·도검·화약류 등단속법에 의해 허가조건이 까다로운 데다가 고가(高價)였다. 그리고 유효사거리 20미터 이내에서는 파괴력이 강해서 자칫 동물에 상해를 줄 우려가 있다고 되어 있었다.

희정이 시청에 전화를 했다. 시청에 유해동물을 포획해서 퇴치해주는 부서가 있었다.

"여보세요, 여기는 서면 월송리인데요. 우리집 고양이를 괴롭히는 야생 고양이가 있어서 전화를 했어요. 그 못된 고양이를 생포해주실 수 있나요? 그러면 우리가 멀리 데리고 가서 놓아줄게요."

"고양이요? 고양이는 좀 곤란한데요."

"어째서요?"

"멧돼지 같은 동물은 농작물을 크게 해치기 때문에 우리가 포획을 하러 나가요. 하지만 댁의 고양이를 괴롭힌다고 해서 야생 고양이를 잡으러 나갈 수는 없어요. 언제 나타날지도 모르는 동물을 우리가 죽치고 앉아서 기다릴 수도 없고요."

23 고양이 동종교배의 폐해

 야생동물의 세계에서는 언제 무슨 일이 일어날지 모른다. 언제 어떤 위험에 처할지 모르고, 언제 죽을지도 모른다. 어느 날부터 인가 묘령이가 우리집에 나타나지를 않았다. 마을을 떠나지는 않았을 텐데, 무슨 불상사가 있었음이 분명했다. 어디서 크게 부상을 당했거나, 아니면 쥐약 먹은 쥐를 먹고 죽었거나 했을 것이다. 그야 어찌 되었건, 묘령이가 사라짐으로써 마오에게 마침내 태평성대가 도래하게 되었다.

 그동안 마오는 묘령에게 쫓기면서 온갖 고초를 다 겪었다. 그러는 가운데 어느새 덩치가 크고 잘생긴 수컷 고양이로 성장했다. 마오는 털 색깔이 여느 고양이들과는 달라서 멀리서 보아도 눈에 확 띄었다. 그리고 묘령에게 호되게 시달리면서 어느새 역전(歷戰)의 싸움꾼이 되어 있었다. 이제 마오는 우리집 암고양이들을 거느리는 왕초가 되었을 뿐만 아니라, 월송리의 고양이 세계를 평정하는 대왕 고양이가 되어 있었다.

 우리집에는 외간 수고양이들이 얼씬도 못했다. 그러다 보니까 우리집 암고양이들은 모두 마오의 씨만 받아서 새끼를 낳았다. 오로지 근친 간의 교배만 이루진 것이다. 유전학의 권위자인 존 C. 애비스 미국 조지아대 교수는 그의 저서 《유전자의 변신 이야기》에서 동식물을 막론하고 근친 간의 짝짓기, 즉 동종교배(同種交配)가 왜 유전적으로 나쁜 결과를 초래하는지 설명하고 있다. 동종교

배는 이종교배(異種交配)보다 동일한 형태의 대립유전자들을 발생하게 하여 개체에게 해를 끼칠 가능성이 높고, 유전적 유연성이 부족해서 환경변화에 적응하는 데도 문제가 있다는 것이다. 실제로 동종교배의 후손은 이종교배의 그것에 비해 생존율과 번식률이 현저히 낮다는 게 입증이 되었다.

동종교배의 폐해는 우리집 고양이의 세계에 그대로 드러났다. 우선 암컷들이 새끼를 낳아 기르는 능력이 쇠퇴하기 시작했다. 고양이들은 출산이 임박해지면 새끼 낳을 자리를 찾아 헤맨다. 그러고는 적으로부터 새끼를 보호할 수 있는, 으슥하면서도 아늑한 소굴을 본능적으로 찾아낸다. 어미는 그 소굴에서 새끼들을 키우다가 젖을 뗄 때가 되면 우리집으로 데리고 온다. 이제부터는 이 집에서 밥을 얻어먹어야 한다고 가르치는 것이다. 어미는 새끼들을 한 마리씩 입에 물고 우리가 밥을 주는 비닐하우스 창고로 기어이 데리고 온다. 그런데 이런 출산과 육아의 본능적 과정이 허물어지기 시작했다.

하루는 데크에서 빨래를 널던 아내가 소리를 쳤다.

"여보, 이리 좀 나와보세요!"

무슨 일인가 하고 나가보았더니, 고양이 한 마리가 데크 위에서 막 새끼를 낳고 있었다. 어미 고양이는 어쩔 줄을 몰라 하더니, 엉덩이 언저리에 피를 잔뜩 묻힌 채로 제 갈 길로 가버렸다. 당황한 것은 아내였다.

"미쳤어, 미쳤어. 이걸 어떻게 해요?"

아직 눈도 못 뜬 새끼는 어미의 젖을 찾는지 이리저리 고개를 주억거렸다. 우리는 아기들 약 먹이는 주사기에 우유를 넣어 새끼의 입에 갖다 대어보았다. 먹지를 않았다. 마침 그 옆에 얼마 전에 출산을 한 암컷이 한 마리 있었다. 암컷은 갓 태어난 새끼에게 잠시 흥미를 보이더니 킁킁 냄새를 맡아보고는 제 갈 길로 가버렸다. 우리는 제 어미가 찾아오기를 기원하면서 작은 개집 속에 헌 담요 쪼가리를 깔고 새끼를 넣어두었다. 새끼는 계속 울음소리를 내었으나, 우리는 속수무책이었다. 다음 날 아침에 보니까 새끼는 죽어있었다.

동종교배의 폐해는 우리집 고양이들이 야성(野性)을 상실해가는 데서도 입증이 되었다. 개도 그렇지만 고양이도 똥을 누고 나면 반드시 그것을 흙으로 덮는다. 그 점에서는 고양이가 개보다 더 철저할 것이다. 작물을 심기 위해 이랑을 만들어두었을 때 나는 웬만하면 검정비닐로 멀칭을 한다. 멀칭을 하지 않으면, 고양이들이 거기에 똥을 싸기 때문이다. 잘 경운이 된 보드라운 흙은 똥을 싸고 덮기에 안성맞춤일 것이라 생각되어 그 정도는 이해하려고 했다. 그런데 고양이들이 잔디밭에 똥을 싸기 시작한 것이다.

알다시피 잔디밭은 사방이 다 노출되어 있다. 게다가 똥을 누고 나서 덮을 흙이 없다. 그래서 야성을 잃기 전의 우리 고양이들은 잔디밭에 똥을 누는 법이 없었다. 야생동물이 자기 배설물을 덮지 않고 적에게 노출시키는 것은 있을 수 없는 일이다. 그런데 우리 잔디밭이 슬슬 고양이 변소로 변해가기 시작했다.

고양이 똥이 여기저기 놓여 있는 잔디밭에서는 아무것도 할 수가 없다. 거기서는 손자들이 뛰어놀 수도 없고, 파티를 열 수도 없다. 잔디를 깎으려고 해도 고양이 똥부터 치워야 한다. 그리하여 고양이 똥 치우는 일이 나의 큰 일거리가 되었다. 이래서는 안되겠다 싶어서 인터넷을 뒤져보았다.

고양이들이 출몰하는 곳에 고양이들이 싫어하는 냄새를 풍기라고 되어 있었다. 고양이들이 싫어하는 냄새 중의 하나가 레몬즙이라고 나와 있었다. 온라인 쇼핑몰에서 레몬즙을 주문했다. 1리터짜리 세 병에 1만 2,000원이었다. 1리터라고 해 봐야 한 평 정도 뿌릴 수 있는 양이었다. 70평 잔디밭 전체에 다 뿌리려면 몇십 만 원어치를 사야 했다. 그 방법은 포기할 수밖에 없었다.

다시 인터넷을 뒤져보니까, 고양이가 출몰하는 곳에 호랑이 울음소리를 틀어놓으면 고양이가 안 온다고 나와 있었다. 인터넷 검색을 통해서 호랑이 울음소리를 USB에 다운로드 받았다. USB를 꽂게 되어 있는 녹음기를 잔디밭에 설치했다. 음량을 아무리 크게 올려도 호랑이의 우렁찬 포효 소리에는 미치지 못했다. 그리고 그것을 밤낮 주야로 틀어놓을 수도 없는 노릇이었다.

이 모두는 내가 외간 수컷들을 쫓아내어 동종교배를 조장한 대가였던 것이다.

24 월송3리의 동갑 친구

월송리에 정착을 해서 살다 보니 점차 마을사람들과 친분이 생기기 시작했다. 월송리는 집이라고 해야 20여 호밖에 안되는 작은 마을이다. 따라서 마을사람들과 친해지는 데는 긴 시간이 필요치 않았다. 우리집이 마을 입구에 있다 보니, 사람들이 지나다니면서 가끔씩 들르기도 했다. 또 내가 밭에서 일을 하고 있으면, 그냥 지나치는 법이 없이 이것저것 간섭도 하고 가르쳐주기도 했다. 그중에서도 특히 관심을 가져준 사람이 있었으니 바로 박명신 씨다.

박씨는 나와 동갑내기다. 그 사실을 알게 되자 그는 동갑내기와 한 마을에 살게 되었다며 굉장히 기뻐했다. 나는 처음에 그것이 그렇게 기뻐할 일인지 의아하게 여겼다. 그러나 가만히 생각해보니까, 월송리 같은 작은 마을에서는 동갑내기와 함께 살게 될 확률이 그리 높지 않다. 그가 물었다.

"교수님, 몇 월에 태어났수?"

"5월에요. 박 형은 몇 월이요?"

"나는 4월이요. 우리 둘 다 봄에 났네 그랴. 히야."

"그러면 우리 서로 친구 하기로 합시다. 그런데 친구 사이에 교수님, 교수님 하면 어색하지. 그냥 김 형이라고 불러요."

박씨는 그 후로 그야말로 물심양면으로 나를 도와주려고 했다. 그는 매년 우리 밭에 로터리를 쳐주었다. 지내리 시절 옆의 영감님이 로터리를 쳐주면 사례를 했던 일이 생각나서 사례를 하려니까 그는 펄쩍 뛰었다.

"친구끼리 무슨…. 이까짓 것 가지고 내가 돈을 받겠수?"

그래도 그냥 있을 수가 없어서 마트에 가는 길에 빵을 사다가 사례를 하기는 했다. 어느 날 저녁을 먹은 후 박씨가 전화를 했다.

"김 형, 바쁘시우?"

"아니요. 별로 바쁘지 않아요."

"그러면 우리집에 와서 술 한잔합시다. 김 형 맥주 좋아한다 해서 맥주 사다 났시다."

우리는 술상을 놓고 마주 앉았다. 술이 한잔 들어가니까 박씨는 자신의 인생 역정을 이야기하기 시작했다.

"난 말이유, 9남매 중에 여덟 번째로 태어났시다. 우리집이 찢어지게 가난한 데다 형제들이 많아서 난 학교도 제대로 못 다녔소. 난 열 살 때부터 지게 지고 산에 나무하러 다녔소. 그러니 학교는 다니다 말다 했지…. 내가 다섯 살 때 육이오가 났는데, 그때 우리 마을 청년들이 많이 죽었어…."

박씨가 들려주는 인생 역정은 해방과 6·25를 겪으면서 살아온 우리나라 시골사람들의 피폐한 삶의 전형이었다. 하지만 그는 그 많은 시련을 이겨내고 지금은 남부럽지 않은 삶을 살게 되었다. 자신은 학교교육을 제대로 못 받았지만, 자식들은 모두 전문대학 이상의 학교에 보냈다. 그리고 돈을 모아서 아들딸 시집 장가 보내고, 아들에게는 춘천시내에 어엿한 아파트까지 사주었다.

나는 그의 이야기를 듣고 돌아오면서 묘한 감회에 젖었다. 불과 한 달 상관으로 이 땅에 태어난 두 사람이 어쩌면 그렇게 다른 삶의 궤적을 걸어오게 되었을까. 한 사람은 농투성이로, 또 한 사람은 교수로 각각 먼 길을 우회하여 결국 월송리라는 작은 마을에서 함께 살게 되었으니 말이다.

얼마 후에 다시 박씨에게서 전화가 왔다. 저녁 먹고 할 일 없으면 자기하고 술 한잔하자는 것이었다. 나는 한 시골사람의 인생 역정에는 무궁무진한 사연들이 있을 것이라고 기대하면서 기꺼이 초대에 응했다. 술이 한 순배 돌고 거나하게 취하자, 박씨가 이야기를 시작했다.

"난 말이유, 9남매 중에 여덟 번째로 태어났시다. 우리집이 찢어지게 가난한 데다 형제들이 많아서 난 학교도 제대로 못 다녔소. 난 열 살 때부터 지게 지고 산에 나무하러 다녔소. 그러니 학교는 다니다 말다 했지…. 내가 다섯 살 때 육이오가 났는데, 그때 우리 마을 청년들이 많이 죽었어…."

지난번과 똑같은 이야기였다. 하지만 '그 이야기는 지난번에 들은 것'이라고 말할 수가 없었다. 마치 처음 하는 이야기처럼 처연한 음성으로 잔잔하게 풀어놓는 그의 인생담에 딴지를 걸 수는 없는 노릇이었다. 나는 무한한 인내심을 발휘하면서 그의 이야기를 끝까지 들었다.

몇 달이 지나 다시 박씨에게서 전화가 왔다. 술 한잔하자는 것이었다. 설마 이번에는 다른 이야기를 하겠지 생각하면서 초대에 응했다. 그러나 박씨는 똑같은 녹음테이프를 틀어놓았다.

"난 말이유, 9남매 중에 여덟 번째로 태어났시다…"

그렇다고 해서 그에게 무안을 줄 수는 없는 노릇이었다. 그래서 이번에는 내가 이야기를 가로채서 화제를 다른 데로 옮기려고 했다. 잠시 화제가 옮겨 가는가 싶었는데, 박씨는 어느새 이야기의 흐름을 자신의 인생타령으로 끌고 갔다. 어쩔 수가 없었다.

네 번째 술초대를 받았을 때는 마음속으로 단단히 결심하고 갔다. 이번에는 박씨에게 이야기할 틈을 주지 않고 내가 살아온 이야기를 하리라. 내 인생도 그리 순탄하지만은 않았으니까. 그러나 역시 소용이 없었다.

"그런데 말이유, 육이오 때 우리 마을 청년들이 너무 많이 죽었거든…"

나는 그 후로 박씨의 초대에 핑계를 대고 응하지 않고 있다. 아무 대책 없이 그의 초대에 응할 수는 없기 때문이다. 하지만 그는 아마도 그 사실을 모르고 있을 것이다.

25 중복날의 개서리

　시골에서 이장은 계륵(鷄肋) 같은 직책이다. 맡자니 별 이득이 없고, 사양하자니 또 아까운 자리가 곧 이장 자리란 말이다. 사실 이장은 특별한 권한이 없는 데 비해 할 일은 많은 자리이다. 농번기에는 자기 일만 해도 바빠 죽겠는데, 이장 일까지 하려면 정신을 못 차린다. 시에서 주는 이장 수당이 있지만 쥐꼬리만큼이다. 그 대신 한 마을을 대표하는 자리이고, 주민을 위해 봉사하는 자리여서 명예로운 직책이기는 하다. 그리고 소소한 권한은 좀 있다.

　그 소소한 권한의 덕을 우리가 보았다. 언젠가 원월호 씨의 후임으로 이장직을 맡게 된 엄광용 씨가 우리에게 시골에 살면서 제일 불편한 점이 뭐냐고 물었다. 아내가 대답했다.

　"밤에 너무 깜깜한 거요. 나는 여기 와서 '칠흑 같은 밤'이라는 말을 실감했어요. 밤만 되면 너무 무서워서 바깥에 나가지를 못해요."

　"그러면 안되지유. 내가 대책을 세워봐야 되겠네. 그 길옆에 전봇대 있지유? 거기 보면 전봇대 번호가 적혀 있을 거유. 그걸 적어서 나한테 줘봐유."

　엄 이장이 시키는 대로 했더니 얼마 후에 그 전봇대에 가로등이 달렸다. 그런 정도는 이장의 권한에 속하는 모양이다. 아무튼 그 가로등 덕분에 밤에 집 앞이 환해졌고, 따라서 아내의 얼굴도 한층 환해졌다.

어느 더운 여름날 아내와 함께 시내에 쇼핑하러 나갔다가 점심을 먹고 돌아오는 길에 엄 이장의 봉고 트럭을 만났다. 차 창문을 열고 아는 체했더니, 엄 이장이 "마침 잘 만났네. 저기 호리골 골짜기로 얼른 가보슈. 거기서 물놀이들 하고 있으니" 하고는 시내에 잠깐 나갔다 온다면서 가버렸다.

　우리는 집에다 쇼핑한 물건을 내려놓고 호리골 골짜기로 갔다. 거기 몇 사람이 모여서 물놀이를 하고 있었다. 김순란 씨가 반색을 했다.

　"교수님 오셨네. 아까 댁으로 전화했더니 안 받으시데. 아직 점심식사 안 하셨쥬. 이 닭 삶은 거 좀 잡숴봐유."

　물놀이하는 개울 옆 바위 위에는 닭백숙 냄비가 놓여 있었고, 찐 옥수수도 한 솥 있었다. 그 밖에도 먹을 것이 많았다. 하지만 배가 너무 불러 동참을 할 수가 없었다.

　"아니요, 우리는 시내에 나갔다가 막 점심 먹고 오는 길이에요. 많이들 잡수세요. 우린 그만 가볼게요."

　"무슨 소리유. 그럼 안되지. 자, 이거 옥수수 찐 거라도 잡숴봐."

　"괜찮아요. 배가 너무 불러서요. 재미있게 놀다 오세요."

　나는 그럴 경우 좀 매정한 데가 있는 사람이다. 배가 불러 죽겠는데 또 어떻게 뭘 먹는단 말인가. 그리고 물놀이할 복장도 아닌데 어떻게 물놀이를 한단 말인가. 호의를 뿌리치고 기어이 돌아서서 내려오고 있는데, 도중에 엄 이장 부인을 만났다. 땀을 뻘뻘 흘리면서 바쁘게 걸어오고 있는 그녀는 머리에 커다란 함지박을 이고 있었다.

"왜 그냥 가셔?"

"우리는 점심을 먹었어요."

"말도 안돼. 이거 잡숫고 가셔야 해. 아까 순갑 아빠가 전화했시유, 교수님 오실 거라고. 부랴부랴 집에 가서 이거 가지고 가는 길이예유. 감자떡이예유. 집에서 감자 삭혀서 만든 것이예유. 교수님하고 사모님 맛보시라고 특별히 가져온 것이니, 어서 도로 가셔."

우리는 꼼짝없이 도로 호리골로 갔다. 그 감자떡은 정말 맛있었다. 우리를 생각해주는 이장 부인의 호의 때문에 더 맛있는 것 같았다.

중복(中伏)날 엄 이장한테서 전화가 왔다.

"교수님, 보신탕 할 줄 아세유?"

"네, 즐겨 하지는 않지만…."

"사모님하고 함께 오세유."

"우리 집사람은 보신탕을 못 먹는데요."

"닭도 잡아놨으니 꼭 사모님과 함께 오셔야 해유."

엄 이장 집으로 갔더니, 큰 가마솥 두 개에다 보신탕을 끓이고 있었다. 마을사람들이 많이 모여 있어서 무슨 잔칫집 같았다. 마을사람 한 사람이 말했다.

"어서 오슈. 오늘 우리 마을 개서리하는 날이우."

"개서리요? 개서리가 뭔데요?"

"닭서리라는 말 들어봤지유? 개서리도 그 비슷한 거유."

옆에 있던 다른 사람이 끼어들었다.

"매년 중복 때면 우리 마을에선 집집마다 개를 한 마리씩 내놓는다우. 그 개들을 잡아서 보신탕 파티를 하는 거라우."

"아니, 자기 집에서 키우던 개를 어떻게 잡아먹어요?"

"뭐 어때유? 개는 잡아먹으려고 키우는 건데."

"그래도 자기를 주인이라고 따르던 짐승인데…."

옆에 있던 또다른 사람이 끼어들었다.

"그래서 난 아까 개를 솥에 넣기 전에 우리 개의 발에다 실을 묶어놓았지. 우리 개는 안 먹으려고."

그 말을 듣고 있던 엄 이장이 말했다.

"아, 그래서 아까 그 개 발에 실이 묶여 있었구나. 나는 그것도 모르고 풀어버렸네."

26 농산물 훔쳐가는 도둑들

개서리 이야기가 나왔으니 말인데, 시골에 살다 보면 이웃 간에 음식을 서로 나누어 먹는 수가 많다. 자기 집에서 닭을 잡게 되면 이웃들에게 같이 먹자고 연락을 한다. 자기 밭의 갓 농사가 잘되었으면 이웃보고 와서 뽑아 가라고 한다. 내 집에서 부추전을 부치면 온 마을에 막걸리 파티가 열린다. 된장찌개를 끓이려는데 애호박이 없으면, 이웃집 밭에 가서 하나 따 온다. 집에 주인이 있으면 양해를 구하고, 없으면 나중에 이야기하면 된다. 밤낮 얼굴들을 보고 사니까 한 식구 같아서다.

본래 서리는 마을 악동들이 떼를 지어서 농산물을 훔쳐 먹는 일종의 장난이었다. 주인에게 큰 피해를 주지 않는 범위 내에서 잠깐 허기를 채우기 위해 곡식이나 과일을 훔쳐 먹는 일종의 도둑놀이였다.

여름철의 참외서리와 수박서리는 어린 시절을 생각나게 하는 즐거운 추억거리다. 오후에 학교 갔다 오는 길에 우리는 참외밭 옆에 있는 개천에서 멱을 감으면서 원두막의 동태를 살폈다. 물놀이하다 배가 출출해지면 우리는 참외밭으로 몰래 들어갔다. 두서너 명이 원두막에서 낮잠을 자고 있는 주인의 동태를 살피고, 한두 명은 살금살금 기어서 밭 가장자리에 있는 참외를 따가지고 줄행랑을 쳤다.

월송리 사람들의 말에 의하면 그들도 청년시절에는 닭서리를 즐겼다고 한다. 닭서리는 긴긴 겨울 저녁에 사랑방에 모여서 새끼를 꼬거나 혹은 노름을 할 때 주로 했다고 한다. 자정이 넘어 속이 출출해지면 그중 한두 사람이 이웃집의 허술한 닭장에 들어가 소리 없이 닭을 잡아다가 볶아 먹었다고 한다.

영국의 대문호 윌리엄 셰익스피어도 사슴서리를 했다는 기록이 나온다. 어린 시절 셰익스피어는 양털 깎는 일을 하며 지냈다. 그는 양털 깎는 솜씨가 형편없어서 목장 주인에게 호된 핀잔을 듣는 적이 많았다. 그렇게 양털을 깎던 시절에 그는 친구들과 함께 토머스 루시 경의 정원에 몰래 들어가 사슴을 훔치다가 붙잡히게 되었다. 그는 매질을 당하고 옥에 갇혔다. 곤욕을 치른 끝에 풀려난 셰익스피어는 루시 경을 신랄하게 풍자하는 시를 써서 그 귀족의 정원에 붙여놓았다. 이를 본 루시 경이 격노해서 그를 고향에서 추방해버렸다. 고향에서 쫓겨난 그는 런던으로 가서 연극 대본 쓰는 일을 하게 되었고, 그것이 계기가 되어 세계적인 대문호로 발돋움하게 되었다.

이러한 서리에는 불문율이 있다. 서리를 하되 주인에게 큰 피해를 주지 않는 범위 내에서 해야 한다. 서리한 결과물은 두고두고 먹으면 안되고 당장에 먹어치워야 한다. 그저 요기나 할 목적으로 서리를 하기 때문에 절대로 서리한 것은 집으로 가져가면 안된다. 그리고 한 집 것만 계속해서 서리를 하는 것이 아니라, 이 집 저 집 돌아가면서 골고루 해야 한다.

안타까운 것은 이러한 서리의 낭만이 시골에서 사라져버렸다는 것이다. 무엇보다도 요즘 시골에서는 서리의 주체가 되어야 할 청소년들을 찾아보기가 힘들다. 집에서 뭘 하고 지내는지 도무지 밖에 나와 놀지를 않는다. 그리고 어른들은 겨울에 마을회관에서 고스톱을 칠 때, 배가 고프면 통닭을 시켜 먹는다.

그렇다고 해서 시골에 절도행위가 없는 것은 아니다. 우리 마을에는 주로 인삼밭이 도둑들의 타깃이 된다. 요즘은 야밤에 도둑들이 트럭들을 몰고 와서 수확 때가 다 된 인삼을 싹쓸이를 해가는 수가 있다고 들었다. 그래서 도둑의 피해를 방지하기 위해 온갖 아이디어가 다 동원된다. 우리 마을의 한 인삼밭에는 이러한 팻말이 붙어있다.

"이 인삼밭에는 지뢰가 매설되어 있슴. 함부로 접근하면 목숨을 잃는 수가 있으니 주의하시기 바람."

공갈협박형이다. 그리고 또다른 인삼밭에서는 이러한 팻말도 보인다.

"이 인삼을 키워서 우리 아이들 등록금을 충당하고 있슴. 이 인삼을 훔쳐가면 우리 아이들이 학교에 못 다니게 됨. 제발 훔쳐가지 마시앞."

읍소형이다. 그 팻말들이 효력이 있으리라고는 생각되지 않지만, 오죽했으면 그런 팻말까지 붙였을까를 생각하니 쓴웃음이 나왔다. 사실은 우리도 농산물을 도둑맞는 아픔을 두 번이나 경험했기 때문이다.

우리 뒷마당에는 크고 잘생긴 뽕나무가 한 그루 있다. 먼젓번 주인이 남겨놓은 유일한 유실수이다. 우리는 이 뽕나무에서 한 해에 두 번 정도 많은 양의 오디를 딴다. 오디 알이 제법 굵고 맛도 좋아서 마을사람들 사이에서도 인기가 있다. 오디가 익는 철에 우리집에 놀러오면 뒷마당으로 가서 오디를 한입 가득 따 먹곤 한다. 우리는 이 오디를 수확하여 술도 담고, 잼도 만들고, 오디청을 삭히기도 한다.

작년에도 오디가 많이 열렸다. 한번 수확하고 나서, 다시 오디가 익기를 기다리던 어느 날이었다. 외출에서 돌아와 보니 뽕나무가 휑했다. 누가 와서 오디를 싹쓸이해간 것이다. 우리가 오디를 따면 3분의 2 정도밖에는 거두지를 못하는데, 이 도둑은 얼마나 기술이 좋은지 그 많은 오디를 깡그리 훑어가버렸다. 우리 뽕나무는 길가에 있는 것도 아니고 집 안쪽으로 들어와 있다. 이건 서리를 당한 것이 아니라 도둑질을 당한 것이다. 그때 우리 심정은, '기분이 참 묘하게 더러웠'다.

금년에는 복숭아까지 도둑질을 당했다. 복숭아나무는 윗밭 옆의 길가에 세 그루가 심겨 있다. 그중 두 그루는 수확을 마쳤고, 한 그루만 남겨놓은 상태였다. 그 나무의 복숭아가 특히 맛이 좋아서 아껴놓고 있던 참이었다. 어느 날 외출에서 돌아온 우리는 그 나무에 달려 있던 30여 개의 복숭아가 깡그리 없어진 것을 발견했다. 다시 한번 기분이 묘하게 더러웠는데, 6년을 애써 키워온 인삼을 도둑맞은 농부의 심정이야 오죽하겠는가.

27 마을사람들과 어울리기

나는 애초에 시골에 들어오면서 마을사람들과 맺어야 할 관계를 내 나름대로 설정해놓고 있었다. '불가근(不可近) 불가원(不可遠)'이 그것이다. 너무 가까이 가서도 안되고, 그렇다고 해서 너무 멀리 떨어져서도 안된다는 뜻이다. 적당한 거리를 유지하면서 중용을 지키며 살아야 된다는 생각이었다. 그러나 현실은 그렇지가 않았다.

우선 시골에 들어오면서 내가 놓인 상황이 그 원칙을 허용하지 않았다. 나는 도시에서의 모든 생활을 접고 시골로 들어온 것도 아니고, 은퇴하고 나서 들어온 것도 아니다. 학교 일을 하면서 농사도 지어야 하는 일종의 '투잡' 상황에 있었다. 교수에게 350평쯤 되는 농사 규모는 취미생활의 수준을 넘어선다. 농사에 대한 올바른 지식도, 농기계도 제대로 갖추지 못한 상태에서 그만한 농사를 지탱하려면 마을사람들의 도움을 구할 수밖에 없다.

다음으로 나는 시골생활에 필수적인 기술들을 갖추고 있지 못했다. 시골에 살려면 전기, 수도, 배관, 동력기관 등에 관한 기본적인 지식과 기술이 있어야 한다. 그렇지 못하면 문제가 생길 때마다 모든 것을 돈으로 해결을 해야 한다. 기술자들을 부르면 시골지역이라고 출장비를 두 배로 부르기 때문에, 그 돈이 만만치가 않다. 물길공사를 할 때처럼 마을사람들의 도움을 받을 수밖에 없다.

그렇다고 해서 마을사람들과 어울리게 된 것이 꼭 그런 이해관계 때문만은 아니다. 그들이 정을 베푸니까 나도 저절로 정을 주게 되는 것이다. 내가 그들의 정에 보답할 수 있는 것 중의 하나가 차량 제공이다. 내 차는 9인승 트라제다. 원래 가족들이 다 모였을 때 한 차에 모두 싣고 다니려고 구입한 차다. 어른이 일곱 명이니 어린애들을 무릎에 앉히면 온 식구가 한 차에 충분히 탈 수가 있다.

트라제의 뒷좌석을 접으면 짐을 많이 실을 수 있다. 1톤 트럭이 없는 나로서는 비료 같은 부피가 큰 물건을 실어 나르기에 안성맞춤이다. 또 최대 아홉 명까지 탈 수 있으니 수송수단의 구실을 톡톡히 할 수 있다. 선거 때는 트라제가 특히 위력을 발휘한다. 5인승 1톤 트럭보다 두 배는 더 많은 사람들을 투표소로 실어 나를 수가 있다.

마을 여자들이 찜질방에 가고 싶을 때는 아내에게 전화를 한다. 그 멤버에 아내를 끼워 넣어야 우리 트라제를 이용할 수 있기 때문이다. 나도 가끔 운전사 노릇을 해주면서 마을 아줌마들과 농담을 주고받을 만큼 친해졌다.

우리집은 마을 입구에 위치해 있어서 본 마을과는 꽤 떨어져 있다. 마을사람들이 오다가다 들르기는 하지만 왕래가 잦은 편은 아니다. 마을사람들은 저 뒤편의 산 밑으로 옹기종기 모여 살고 있다. 그들은 서로 이웃들의 일거수일투족을 훤히 다 꿰고 있지만, 나는 그렇지가 못하다. 그래서 마을 반상회에 꼬박꼬박 참석한다. 마을회관에서 열리는 반상회에 참석해야 사람들을 만날 수 있고, 마을 돌아가는 사정도 알 수가 있다.

우리는 마을사람들의 결혼식도 그 전날이나 당일에야 알게 되는 경우가 허다하다. 청첩장을 안 돌리기 때문이다. 마을사람들끼리는 청첩장을 돌릴 이유가 없다. 누구네 아들이나 딸이 누구누구와 언제 어디서 결혼한다는 것은 뻔히 다 알고 있는 사실이니까. 하지만 내 경우는 우연히 귀동냥으로 듣거나, 마을방송을 통해서야 결혼식이 있다는 것을 알게 된다.

마을에는 반상회 외에도 행사가 많다. 정월 대보름날, 마을 풀 깎는 날, 마을 결산 총회하는 날, 산신제 지내는 날, 이장 선거하는 날 등등. 그때마다 나는 특별한 일이 없으면 꼭 참석을 할 뿐만 아니라 소액의 찬조금도 낸다. 이장은 회의석상에서 찬조금을 낸 사람들의 이름을 부르기도 하고, 방을 써서 붙이기도 한다.

나는 마을회의에서 발언을 거의 하지 않는다. 마을 사정을 잘 모르면서 섣불리 발언을 하게 되면 엉뚱한 소리를 하기 십상이다. 그리고 나는 마을사람들의 발언 내용을 파악하지 못할 때가 많다. 내가 그들의 발언 양식이나 어법을 잘 모르는 탓도 있을 것이고, 그들의 발언 내용이 요령부득인 탓도 있을 것이다.

회식을 할 때도 전후좌우에 앉은 사람들의 말을 잘 알아듣지 못해서 곤혹스러울 때가 많다. 마을회관의 방음장치가 좋지 않은 탓도 있을 것이다. 하지만 그보다는 그들의 발음과 어휘, 거두절미하는 어법 등에 내가 익숙하지 않은 탓이 더 클 것이다. 그렇다고 해서 발언 내용을 자꾸 물을 수도 없는 노릇이어서, 그냥 알아들은 체하고 고개를 주억거린다.

나는 마을회의에서 딱 두 번 발언을 했다. 한 번은 성공적이었고, 한 번은 실패였다. 성공한 사례부터 말하겠다. 원 이장이 죽고 난 후, 다음 이장을 선출할 때였다. 순번에 의하면 엄광용 씨가 이장을 할 차례였는데, 그가 한사코 이장을 안하겠다고 버텼다. 금년에는 자신이 개인적으로 벌여놓은 일이 너무 많아서 이장직을 제대로 수행하지 못할 것이라는 것이 사양의 이유였다. 아무리 돌아가면서 하는 직책이지만, 본인이 안하겠다고 우기면 어쩔 수가 없는 노릇 아닌가.

그래서 사람들이 그 대안으로 노인회장을 이장으로 모시려고 했다. 노인회장은 이장을 하기에는 좀 연로한 나이였다. 하지만 엄씨가 금년에는 못하겠다고 버티니, 1년만 맡아달라고 부탁을 드렸다. 노인회장도 1년만이라면 마을을 위해 봉사할 용의가 있다고 했다. 노인회장과 이장을 겸직하겠다는 것이었다. 사실 그분은 고위 공직자 출신이어서 관계(官界)의 일에는 두루 정통하고 있었다. 또 워낙 언변이 조리 정연하고 유창한 분이어서 면사무소나 시청에 가면 상당한 파워를 발휘하는 모양이었다. 마을사람들도 그런 점들을 고려해서 부탁을 드린 것이다. 하지만 그분이 이장을 맡는 데는 한 가지 문제가 있었다. 그분이 개인적인 사정으로 주민등록을 잠시 시내 아파트로 옮겨놓았기 때문이다.

28 "우리 교수님이 최고라고…"

노인회장이 이장직을 맡아도 되느냐를 놓고 반상회에서 공방이 벌어졌다.

"이장은 시에서 수당을 받는 공식적인 직책이잖아. 여기 주민등록이 없는 사람이 어떻게 이장을 맡을 수 있겠어? 면에서 인정을 해주지 않을 거야."

"아니야. 현재도 노인회장직을 수행하고 있는데, 누구 딴죽 건 사람 없었잖아. 노인회장도 공식적인 직책이야. 그런 사람이 이장직을 맡는다고 누가 뭐라 하겠어?"

바로 그때 지금까지 마을회의에서 한 번도 발언을 한 적이 없는 내가 나섰다.

"제가 한 말씀 드려도 될까요?"

시끌벅적하던 좌중이 갑자기 조용해졌다.

"노인회장님이 주민등록이 없는데도 이장을 맡을 수 있는지 당장 시에다 조회를 해보면 되잖아요. 괜찮다고 하면 인정을 받은 것이니까 맡으면 되는 거구요. 안된다고 하면…"

"안된다고 하면 어떡허실려구?"

"그때는 할 수 없이 엄광용 씨가 이장을 맡아야지요. 그렇게까지 대안을 마련하려고 노력을 했는데도 안된다면, 엄광용 씨가 맡을 수밖에 없잖아요? 안 그래요, 엄광용 씨?"

"글쎄, 그렇기는 하지만유…."

내가 제안한 대로 당장 시에다 조회를 해봤더니, 불가하다는 답변이 돌아왔다. 이제는 엄씨가 꼼짝없이 이장직을 맡을 수밖에 없게 되었다. 엄씨가 나에게 볼멘소리를 했다.

"교수님, 나하고 무슨 원수졌다고 덤터기를 씌우시우. 내가 이장 노릇 제대로 못하면 교수님이 책임질 거유?"

"암, 책임지구말구. 우선 당신한테 덤터기 씌운 죄로 내 술 한잔 사리다. 됐지요?"

그렇게 해서 맡게 된 이장직을 엄씨는 잘 수행해나가고 있다.

다음은 마을회의에서 괜히 한마디 했다가 실패를 본 사례다. 엄씨가 이장을 안 맡으려고 발버둥 치다가 억지로 맡은 후 한참이 지나서였다. 어느 날 반상회에서 마을 간부들에게 주는 수고비를 인상해야 된다는 의견이 나왔다. 이장에게는 시에서 주는 수당 외에도 마을기금에서 수고비를 준다. 새마을지도자와 반장들의 경우 시에서 수고비가 안 나오는 대신, 마을기금에서는 준다. 이 수고비들을 인상하자는 의견이었다.

"사실 이장이 하는 일은 많은데 대가가 너무 적잖아. 아무리 봉사하는 자리라지만 희생이 너무 커. 그러니까 매번 이장들을 안 맡으려고 하는 거야. 그러니 수고비라도 올려줘야지. 지금보다 두 배는 올려야 해."

"마을 간부들 수고비가 적다는 것은 맞는 말이야. 하지만 문제는 돈이잖아. 지금 우리 마을은 기금이 바닥을 치고 있어. 지금 주는 수고비도 감당하기 힘든 판인데, 그걸 두 배로 올리면 어떡하자는 거야. 돈이 하늘에서 떨어지는 것도 아니고."

"돈이야 어떻게 되겠지. 일단 올려놓고 보자구."

"자네 땅 팔아서 돈 마련할 거야? 당장 기금이 마이너스가 되면 마을회관 전기세, 수도세는 뭘로 낼 것이며, 겨울에 난방비는 또 어떡할려구."

그때 내가 끼어들었다.

"이렇게 하는 게 어때요? 집집마다 얼마씩 돈을 걷는 겁니다. 무작정 걷자는 게 아니라 마을 돈 사정이 나아질 때까지만요. 저 방동리에서는 집집이 쌀을 거둬 이장 수고비를 충당한다고 하잖아요."

그러자 사방에서 반대의견이 속출했다.

"난 돈 걷는 건 반대야, 무슨 세금도 아니고. 마을기금을 어떻게든 마련토록 해야지, 돈을 걷는 건 말도 안돼."

"그건 기선이 말이 맞아. 마을 공식적인 일에는 마을기금을 써야지. 왜 개인 호주머니를 털자는 거야. 시골 사는 게 무슨 죄야?"

워낙 반대가 거세어서 나는 더이상 주장할 수가 없었다. 돈 나올 구멍은 없는데 돈을 더 쓰자는 게 말이 되느냐고 항변하고 싶었지만, 꾹 참았다. 그렇게 해서 모처럼 내가 한 제안은 실패로 돌아가고 말았다.

하지만 나는 마을사람들과 잘 어울린다. 마을 풀 깎는 날이면 빠지지 않고 예초기를 둘러메고 나간다. 5만원 과태료를 물면 안 나가도 되지만, 나는 군이 나가서 같이 풀을 깎는다. 그런 작업에 내가 같이 동참하면 그들이 좋아한다는 것을 익히 알고 있기 때문이다.

마을회관에서 회식이 있은 후 뒤풀이로 노래방이 열리면 나는 그들과 기꺼이 어울린다. 마을회관에는 면에서 주민 복지의 일환으로 사준 노래방 기계가 있다. 나는 우리의 대중가요인 뽕짝을 좋아한다. 좋아할뿐더러 유행가를 구성지게 곧잘 불러서 어디 노래 부르는 자리에 가면 인기가 있다. 옛날 가요를 잘 부르기도 하거니와 많이 알고 있다. 〈도전 1000곡〉 같은 TV프로그램이 옛날에 있었으면 우승은 따놓은 당상(堂上)일 것이라는 소리를 자주 듣는다. 내가 마을사람들과 격의 없이 어울리게 된 데에는 이런 나의 취미도 한몫을 했을 것이다.

　언젠가 엄 이장이 술자리에서 내 칭찬을 했다.

　"저는 다른 마을 이장들한테 교수님을 자랑하고 다녀유. 다른 마을에도 교수님들이 더러 살지만, 저는 우리 교수님이 최고라고 자랑을 해유."

　"아니, 내가 내세울 게 뭐가 있다고?"

　"아니에요. 교수님은 우리들과 참 잘 어울려주세유. 우리가 교수님에게로 올라갈 수는 없잖아유. 교수님이 우리에게로 내려와야지. 그런데 교수님은 우리에게로 내려와주셨시유."

29 월송3리 노인회의 결성

원래 월송3리에는 노인회가 없었다. 워낙 작은 마을이라 노인회를 결성할 요건이 안되었기 때문이다. 이웃 마을인 월송1리에는 노인회가 있으므로 활동을 하고 싶으면 그곳으로 가야 했다. 하지만 그곳 노인회관이 우리 마을에서 2킬로미터 이상 떨어져 있으니 그림의 떡일 수밖에 없었다.

그 점을 안타깝게 여긴 황모 씨가 노인회 결성에 나섰다. 황모 씨는 앞서도 이야기했듯이, 고위 공직자 출신이라 관계(官界)의 일에 밝았다. 관계의 일에 밝다는 것은 국가기관의 행정과 공무에 정통하다는 뜻도 되지만, 그 융통성에도 일가견이 있다는 뜻이 된다.

춘천시의 경로당 지원 조례에 의하면 월송3리는 지원 요건에 미달되었다. 마을 노인회가 시의 지원을 받으려면 65세 이상의 회원이 최소 스무 명이 되어야 했다. 우리 마을은 65세 이상의 노인이 채 열 명도 안되었다. 그래서 황 회장은 우리 마을에 살다가 이사를 간 사람까지 섭외해서 회원에 가입시켰다. 또 60세에서 64세까지의 노인들을 준회원으로 만들어 가입시켰다. 황 회장이 융통성을 발휘한 결과 회원 수가 가까스로 스무 명을 넘어서게 되었다. 그 명단을 가지고 황 회장은 월송3리 노인회를 시 노인회에 등록시켰다.

시골에 가보면, 대부분의 경우 마을회관이 경로당을 겸하고 있다. 우리 마을 역시 노인회관이 따로 없으니 마을회관을 경로당으

로 썼다. 황 회장이 제일 먼저 한 일은 마을회관 간판 옆에다 '월
송3리 노인회관' 간판을 다는 것이었다.

마을에 노인회가 생기니 당장 시에서 지원금이 나왔다. 춘천시
에서는 각 마을 노인회의 규모에 따라 매년 경로당 운영자금을 지
원한다. 그 지원금 속에는 겨울철 난방비도 포함되어 있다. 그 난
방비 덕분에 마을회관은 난방비 걱정을 덜게 되었다. 경로당 운영
자금 외에 다른 지원금들도 있다. 예컨대 노인들이 종이나 병 같
은 폐품들을 모아서 재활용품으로 판매하면, 거기에 대한 지원금
을 준다. 또 노인들이 영농사업을 해서 수익을 올리게 되면, 거기
에 대해서도 지원금을 준다. 이른바 매칭펀드다.

황 회장은 이런 지원금들을 마을 노인들의 복지를 위해 썼다.
노인회장은 그 돈으로 마을 노인들이 1년에 한 번씩 관광여행을
다녀오는 데 드는 경비의 일부를 지원했다. 연말이 되면 마을 노
인들에게 적으나마 용돈도 드렸다. 노인회 결산 총회를 하고 나면
회원들에게 양말짝도 돌렸다.

마을 노인들은 시 노인회의 상조회에 가입하고 있었다. 시 노인
회가 운영을 잘못하여 노인들이 납입금을 떼일 위기에 처했다. 황
회장이 재빨리 손을 써서 우리 마을 노인들의 납입금을 지켰다. 1인
당 100만원 상당의 액수였다.

전직 경찰간부가 우리 마을 산기슭에 땅을 사서 별장 같은 것을
지었다. 그는 용석준 씨의 복숭아밭에 나 있는 현황도로를 거쳐야
자기 땅으로 갈 수 있었다. 말하자면 그의 땅은 맹지인 셈이었다.
용씨는 자신이 농로로 사용하고 있는 그 현황도로로 전직 경찰간

부가 지나다니는 것을 굳이 막지 않았다. 어느 날 용씨가 복숭아
밭에서 일하고 있는데, 지나가던 전직 경찰간부가 시비를 걸었다.

"이봐, 용씨. 이 길 쪽으로 튀어나와 있는 복숭아 가지들 좀 쳐
줘. 자동차 지나다니는 데 거치적거리잖아."

용씨는 어이가 없었다.

"아니, 남의 땅을 공짜로 지나다니면서 무슨 소리여. 그런 소리
하려면 길 사용료부터 내슈. 안 그라믄 길을 콱 막아버릴 테니께."

"뭐, 길 사용료를 내? 이 길은 공용 도로야. 공용 도로를 막으면
어떻게 되는 줄 알아? 통행방해죄로 당신 콩밥 먹어야 돼."

"뭐, 콩밥을 먹어? 어디 그럼 마음대로 해봐."

용씨는 그 다음 날 쇠 체인을 설치해서 그 길을 막아버렸다. 길
이 막히니 전직 경찰간부는 저 아래에 차를 세워놓고 걸어 올라갈
수밖에 없었다. 며칠 후 용씨에게 춘천경찰서에서 소환장이 날아
왔다. 용씨가 경찰서에 가보니, 도로통행방해죄로 조사를 받아야
된다는 것이었다. 경찰은 지금이라도 체인을 치우면 없었던 일로
해주겠다고 했다. 생전 처음 경찰서에 출두해본 용씨는 겁을 먹지
않을 수 없었다. 하지만 아무리 생각해봐도 이건 아니다 싶었다.
난처하게 된 용씨는 황 회장에게 전화를 걸었다. 황 회장이 득달
같이 경찰서로 달려갔다. 황 회장의 보증으로 용씨는 일단 풀려났
지만, 경찰은 용씨가 도로통행방해죄로 다시 소환을 당해야 한다
고 했다.

황 회장이 나를 좀 보자고 했다. 황 회장은 그동안 용씨에게 일
어났던 일을 나에게 설명하고 함께 대책을 세워보자고 했다. 내가

말했다.

"요새는 그런 억울한 일을 당하면 진정할 데가 많아요. 청와대도 있고, 국가인권위원회도 있고, 국민고충처리위원회도 있잖아요. 그런 기관에서는 힘없는 서민이나 농민들의 억울함에 특별히 더 신경을 써준다고 하던데요."

"그럼 내가 진정서 초안을 잡을 테니, 교수님이 좀 봐주시구려."

"네, 그러지요."

황 회장이 진정서의 초안을 잡아 왔다. 고위 공직자 출신이라 그런지 내용이 조리 정연했다. 몇 군데 표현이 어색한 문장들이 있어 내가 윤문을 했다. 황 회장이 그 진정서를 각 국가기관들에 우편으로 부치고, 그 기관들의 홈페이지에도 올렸다. 며칠 후 경찰서에서 용씨에게로 문서 한 장이 날아왔다. 용씨가 입건되었던 도로통행방해죄는 무혐의로 종결처리되었다는 내용이었다.

황 회장이 발 벗고 나서서 궁지에 빠진 마을사람을 구해낸 것이었다.

30 "교수님이 노인회장직을…"

마을 뒷산에 납골당이 들어온다는 소문이 돌았다. 어느 집안의 종중(宗中)에서 여기저기 흩어져 있는 조상들의 묘를 우리 마을 뒷산에 모으기 위해 납골당을 짓는다는 것이었다. 공사를 시작하기 위해 장비가 들어오는 날 황 회장이 그 집안의 책임자를 만났다.

"누구 마음대로 우리 마을에 납골당을 짓겠다는 거요?"

"우리 산에 우리 납골당 짓겠다는데 뭐가 잘못됐습니까?"

"납골당이 혐오시설인 걸 모르시오?"

"아니, 납골당을 마을 한가운데 짓는 것도 아닌데 뭘 그러세요?"

"이 양반 혐오시설 설치 기준도 모르시는구먼."

"그 기준이 뭔데요?"

"'장사(葬事) 등에 관한 법률시행령'에 의하면, 20호 이상 인가가 있는 경우, 그 인가로부터 500미터 이상 떨어진 곳에 세워야 한다고 되어 있소. 당신들이 세우려는 납골당과 여기 동네 사이의 거리는 300미터 정도밖에 안되오."

황 회장이 법률을 들고 나오자 그 책임자가 꼬리를 내렸다.

"아, 법이 그렇게 되어 있습니까? 그럼 저희들이 어떻게 하면 되겠습니까?"

"공사를 포기하시든가, 아니면…"

"아니면요?"

"마을발전기금을 내시든가."

이리하여 황 회장이 그 책임자와 협의한 끝에 800만원을 마을 발전기금으로 받았다. 마을 자금이 바닥나려고 하던 찰나에 적지 않은 돈이 들어온 것이다.

나는 황 회장이 우리 마을의 큰 보배라고 여기고 있었다. 그런데 시간이 많이 흐른 후, 어느 날 마을사람과 이야기를 나누는 가운데 충격적인 소리를 들었다.

"교수님은 노인회장님을 어떻게 생각하시우?"

"어떻게 생각하다니요? 우리 마을의 보배 같은 존재지요."

"우리 마을사람들은 아무도 그렇게 생각하지 않아유."

"아니, 그러면….''

"노인회장님 하시는 걸 보슈. 뭐든지 자기 맘대로 하시지 않소? 뭘 해도 우리하고 의논 한번 하는 법이 없다오. 젠장, 우리를 무식쟁이들로 보는 건지.''

"아니, 그거야 노인회장님이 워낙 관계(官界) 일에 밝으시다 보니까….''

"똑같이 배운 분이라도 교수님은 안 그러시잖아유.''

"그거야 내가 뭘 잘 모르니까.''

"교수님이 뭘 모르신다는 게 말이 되우? 그냥 점잖게 가만히 계시는 거지.''

이거 보통 심각한 일이 아니구나 싶었다. 평소 황 회장의 일 처리가 좀 독단적인 데가 있다고는 느꼈지만, 그것이 이렇게 큰 반발을 사고 있을 줄은 몰랐다. 그런데 황 회장 자신도 그런 분위기를 감지하고 있었던 모양이었다. 어느 날 황 회장이 나에게 말했다.

"요새 난 이상한 기분이 들어요. 마을사람들이 나를 왕따시키는 것 같은 생각이 든단 말이야. 내가 뭘 물어도 대답도 잘 하지 않고."

그러던 중에 황 회장이 간암 수술을 받게 되었다. 그분은 평소 B형 간염을 앓아오고 있었다. 40대 후반에 발병하여 꾸준히 병원 진료를 받아왔는데, 그것이 간암으로 진행된 것이다. 요즘 장기 기증 받는 게 하늘의 별 따기라는데, 황 회장의 경우 그 문제는 쉽게 해결이 되었다. 대학생인 황 회장의 손자가 할아버지를 위해 간을 제공하겠다고 나선 것이다. 건강한 20대 청년은 간 전체 체적의 70퍼센트를 절제하고 30퍼센트 정도만 남겨둬도 대부분 생명에 지장이 없다고 한다. 또 간은 왕성한 재생력을 가지고 있어서 3주 내지 4주가 지나면 원래 간 크기의 90퍼센트까지 재생이 된다고 한다. 아무튼 조손(祖孫) 간에 장기를 주고받은 이 미담(美談)은 지방신문의 기사거리가 되기도 했다.

서울대병원에서 받은 간이식 수술은 성공적으로 진행되었다. 하지만 회복에는 많은 시간이 필요해서, 황 회장은 요양을 위해 거처를 시내의 아파트로 옮겼다. 6개월이 지나자, 어느 정도 건강이 회복이 된 황 회장이 나를 찾아왔다.

"김 교수님, 부탁 좀 드리러 왔습니다. 교수님도 아시다시피 제가 수술도 받고 해서 이젠 더이상 노인회장직을 수행하기가 어려울 것 같습니다. 그래서 교수님이 저의 후임을 좀 맡아주십사 하고 이렇게 찾아왔습니다."

"아이고, 저는 노인회장을 맡을 주제가 못 됩니다. 저는 마을

사정에 밝지도 못하고, 관계(官界)의 일에도 문외한입니다. 우리 마을에 저 말고도 회장 하실 분들이 있지 않습니까? 용석준 씨도 있고, 박명신 씨도 있고…."

"그래도 그분들보다는 교수님이 어느 모로 보나 적임자라고 생각되는데요."

"그런 자리는 마을 토박이가 맡아야 좋을 것 같아요. 회장님도 지난번에 말씀하셨지만, 시골에는 아무래도 텃세라는 게 있지 않습니까?"

"노인회장직은 지식과 견문이 필요한 자리예요. 시 노인회와의 관계도 그렇고, 사무회계 일도 그렇고."

"그러면 이렇게 하는 게 어때요? 회장님은 그냥 명예직으로 이름만 걸어놓고, 신현호 선생에게 총무를 맡기는 거예요."

"신 선생에게 총무를 맡긴다? 그것도 괜찮은 생각이군요."

31 분란으로 치달은 마을노인회

신현호 선생은 우리 마을 출신이다. 그는 금산국민학교를 졸업한 후, 중·고등학교와 대학교를 모두 춘천시내에서 다녔다. 대학에서 수학을 전공한 그는 수학교사로 임용되어 강원도 내의 이 학교 저 학교로 옮겨 다니다가, 얼마 전에 퇴직하여 고향으로 돌아왔다. 그는 농사를 짓지 않으니, 귀농은 아니고 그냥 귀촌을 한 것이다.

많은 사람들이 그렇듯이, 신 선생은 자신이 어린 시절을 보낸 고향을 좋아했다. 우리 마을에는 그의 소싯적 친구들이 많다. 그는 개구쟁이 시절에 그 친구들과 함께 뛰놀던 때의 이야기를 자주 한다. 그 시절 시골에는 먹거리와 놀거리가 많지 않았다. 그는 친구들과 함께 봄에는 칡을 캐 먹고, 가을에는 메뚜기를 잡아먹었으며, 겨울에는 개구리를 잡아먹었다. 그리고 걸핏하면 싸움박질을 했다. 친구들끼리도 싸웠고, 이웃 마을 아이들과는 패싸움을 했다. 우리집 뒤편에 있는 작은 동산이 그들의 싸움터였다.

신 선생은 춘천, 화천, 양구 등지에서 교사생활을 하는 가운데, 틈틈이 부인과 함께 고향 마을에 들렀다. 다행인 것은 그 부인도 전원생활에 관심이 많았다는 사실이다. 그들은 퇴직하면 고향에 와서 살기로 합의를 보고, 호리골에 500여 평의 땅을 마련했다.

우리 마을 뒷산으로 올라가는 산길은 두 갈래다. 하나는 자라농장이 있는 내골에서 능선을 따라 오르는 길이고, 또하나는 호리골에서 개울을 끼고 오르는 길이다. 신 선생이 산 땅은 그 호리골 개울의 초입에 있다. 그 개울은 상류에 오염원이 없어서 사시사철 깨끗한 물이 흐르는 그야말로 청정 개울이다. 신 선생 부부는 그 개울 옆의 미개간지를 사서 그것을 예쁜 집터로 가꾸었다. 땅 전체에 잔디를 깔았고, 땅 주위로는 나무들을 심었으며 꽃밭도 만들었다. 큼지막한 정자를 지어놓고 주말이면 친구들과 함께 와서 소풍을 즐겼다.

마음이 급해진 신 선생은 정년을 7년 남겨놓고 명예퇴직을 했다. 그러고는 그 멋지게 다듬어진 땅에다 집을 지었다. 그의 나이 55세에 전원주택을 지었으니, 앞서 내가 주장했던 이상적인 귀촌의 나이에 딱 들어맞았다고 할 수 있다. 더욱 이상적인 것은 그의 귀촌이 토박이의 그것이라는 사실이다. 토박이 귀촌의 장점은, 어릴 때부터 마을사람들과 같이 살았기 때문에, 다시 돌아와도 스스럼없이 지낼 수 있다는 것이다. 게다가 그는 성품도 소탈해서 마을사람들의 신뢰를 한 몸에 받는 것 같았다. 신 선생을 총무로 삼으라는 나의 제안을 황 회장이 선뜻 받아들인 것도 그 점 때문이었을 것이다. 다시 말해서 신 선생이 토박이와 외래인의 중재인 역할을 잘할 것으로 기대한 것이다.

황 회장은 자신이 1년만 더 회장직을 유지하기로 하고, 신 선생에게 총무 일을 맡아줄 것을 부탁했다. 신 선생은 노인회 운영을 단순화한다는 조건으로 황 회장의 부탁을 받아들였다. 노인회 운영을 단순화한다는 것은, 그동안 시로부터 매칭펀드를 따기 위해 벌였던 사업들은 접고, 순수 지원금만으로 노인회를 운영하자는 것이었다. 황 회장도 그 조건을 받아들여서, 노인회 운영권의 이양은 순조롭게 진행된 것처럼 보였다.

신 선생이 총무 일을 해나가던 중, 매칭펀드 사업의 폐지를 둘러싸고 황 회장과 신 선생 사이에 이견이 노출되었다. 황 회장이 시로부터 그 사업들을 계속하라는 권고를 받은 모양이었다. 그러나 신 선생은 애초의 약속대로 폐지할 것을 주장했고, 여의치 않자 총무직을 사임해버렸다. 이것은 황 회장에 대한 마을사람들의 감정을 악화시키는 계기가 되었다.

황 회장과 마을사람들 간의 이상기류는 메주방 설치를 둘러싸고 마침내 표면화되었다. 사단은 황 회장이 자기 집 앞 공터에 메주방을 만들려고 한 데서 비롯되었다. 노인회 자금으로 메주방을 만들어 겨울에 메주를 띄우면서, 그곳을 사랑방 겸용으로 쓰겠다는 것이었다. 그런데 황 회장이 그동안 경로당 앞으로 지급되어 마을회관 난방비로 충당해오던 돈을 메주방 난방비로 돌리려고 한 것이 문제였다. 마을사람들이 들고 일어난 것은 말할 것도 없는 일이다. 정 메주방을 하고 싶으면 마을회관 방 하나를 메주방으로 쓰면 되지, 따로 만들 필요가 뭐 있느냐는 것이었다. 마을사람들의 맹렬한 반대를 무릅쓰고 황 회장은 메주방 만들기를 강행했다. 비닐하우스를 짓고 그 안에 패널을 설치해 두 칸짜리 방을 만들었다. 한 칸은 메주방으로, 또 한 칸은 사랑방으로 쓸 작정이라고 했다. 황 회장의 요청에도 불구하고 마을사람들은 메주방 만드는 작업에 아무도 협조하지 않았다. 황 회장은 하는 수 없이 방바닥에 엑셀파이프 까는 기술을 배워서 자신이 직접 파이프 시공을 하기도 했다.

메주방이 완성되었다. 메주를 걸어놓을 수 있는 틀까지 갖추어져서 메주 띄우기에는 안성맞춤인 방이었다. 회장과 회장 부인은 평소에 친하게 지내던 몇몇 사람들에게 메주방을 적극 이용해줄 것을 권했다. 우리집을 비롯한 몇몇 집에서 메주를 갖다가 걸어놓았다. 회장 부인은 내친김에 메주방에서 점심도 해서 먹고 고스톱도 치자고 했다.

마을사람들이 회의를 열어 메주방을 이용하지 않기로 결의했다. 다급해진 회장 부부는 다시 친한 사람들을 불러 모았다. 회장 부인이 볼멘소리를 했다.

"아니, 왜들 그러는지 모르겠네요. 이렇게 좋은 사랑방을 꾸며놓았는데도 이용들을 하지 않으니. 원래 그 난방비는 노인회 앞으로 나온 것이잖아요."

나를 비롯한 몇 사람이 회장 부부에게 이런 일이 벌어진 이유를 설명하고, 회장이 메주방 운영을 접을 것을 권유했다. 난방비는 갈등의 직접적인 원인일 뿐, 황 회장의 자의적인 노인회 운영이 근본적인 원인이라고 설명을 드렸다. 그러나 회장 부부의 입장은 완강했다. 마을사람들이 이치에 맞지 않는 이유로 떼를 쓴다는 것이었다. 마을사람들은 메주방을 이용하지 않았을 뿐만 아니라, 노인회 모임에도 참석하지 않았다. 황 회장은 마을사람들에게 실망한 나머지, 회장직을 내놓고 마침내 시내로 이사를 가버렸다.

32 "교수님, 어서 일어나서 춤춰유"

어느 날 아침 일찍 마을 아줌마 두 사람이 집으로 찾아왔다. 마을 부녀회장과 총무였다. 부녀회에서 관광여행을 가는데, 같이 가자는 것이었다.

"어디로 가는데요?"

"인천 쪽으로 유람선 타러 갈려구유. 교수님 내외분도 꼭 가셔야 혀요."

우리는 내키지 않았지만 부녀회장이 하도 강력하게 권하는 바람에 동의하고 말았다.

"8시에 마을회관 앞에서 버스가 떠나유. 시간 맞춰서 오셔야 혀요."

"준비할 것은요?"

"그냥 오시면 돼유. 준비는 우리가 다 해놨으니깐요."

8시에 마을회관으로 갔더니 관광버스가 대기하고 있었다. 버스에 오르니까 버스 안의 인테리어가 요란뻑적지근했다. 밖에서는 안이 안 보여서 몰랐는데, 천장이며 벽체가 다채로운 무늬로 장식되어 있었다. 천장에는 작은 전구들이 형형색색으로 달려 있었으며, 커튼도 화려했다. 운전석 옆에는 노래방 기계로 보이는 기계들이 설치되어 있었고, 시디랑 카세트테이프들이 가지런히 꽂혀 있었다. 운전석 위의 커다란 모니터에서는 동영상과 함께 신나는 노래가 흘러나오고 있었다.

그 노래에 맞춰 벌써부터 몇몇 아줌마들이 춤을 추고 있었다. 말로만 듣던 관광버스 춤이었다. 내가 자리에 앉자마자 부녀회장이 작은 종이컵에 소주를 3분의 1 정도 따라서 내밀었다. 그걸 마셨더니 총무가 홍어무침이 담긴 플라스틱 안주접시를 들고 섰다가 내 입에 한 점 밀어 넣어주었다. 그 3분의 1 종이컵 소주는 10분 간격으로 버스 안의 모든 사람들을 공격했다. 그러니까 술이 깰만하면 다시 술을 주어 알딸딸한 상태를 지속시키려는 작전 같았다. 석 잔쯤 마셨을 때 김순란 씨가 나에게로 다가왔다.

"교수님, 어서 일어나세유. 일어나서 춤춰유."

김순란 씨가 손을 잡아끄는 바람에 할 수 없이 일어나서 통로로 나갔다. 통로는 이미 만원이었다. 아줌마들은 거의가 다 일어나서 춤을 추고 있었다. 너무 밀집해 있어서 제대로 몸을 흔들 수도 없었다. 그 비좁은 공간을 비집고 다른 아줌마가 내 앞으로 와서 춤을 추었다. 엄 이장이 아내에게로 다가왔다.

"사모님은 왜 춤 안 춰유? 어서 일어나세유."

아내도 끌려나가서 춤을 추기 시작했다. 관광버스 춤이 생전 처음이라서 그런지 아내의 춤동작이 많이 어색했다. 음악의 템포가 조금씩 빨라져갔다. 한 시간쯤 춤을 추던 나는 쉬기 위해 자리에 앉았다. 자리에 앉으니까 종이컵 소주가 나를 공격하기 시작했다. 김순란 씨가 다시 내게로 다가와서 일으켜 세웠다.

"교수님, 앉아 계시면 어떡해유. 시간이 아깝지 않으세유? 자 빨리 춤춰유."

나는 자포자기하는 심정으로 통로로 끌려나가 춤을 추었다. 버스가 어떤 코스로 가고 있는지 알 수가 없었다. 적당한 취기 속에서, 아줌마들 속에서, 무의식 상태로 그저 흔들흔들하고 있을 뿐이었다.

마침내 버스가 목적지에 도착했다. 인천 월미도였다. 버스에서 내린 일행은 어느 횟집으로 들어갔다. 미리 연락이 닿아있었는지 점심상이 차려져 있었다. 가짓수만 많고 맛은 그저 그런 관광지 음식을 먹고 일행은 배를 타러 갔다. '비너스 해양관광유람선'이었다. 한 시간 반쯤 걸려 인천 앞바다를 한 바퀴 돈다고 했다. 관광버스 춤에 지쳐 있던 나는 이제 좀 쉬면서 바다 구경이나 해야겠다고 생각했다. 그러나 그것은 큰 오산이었다.

배에 오르니 바로 앞에 커다란 문이 있었다. 일행과 함께 그 문을 열고 들어가니까 요란한 음악소리에 맞춰 수많은 군중이 춤을 추고 있었다. 카바레를 방불케 하는 선상(船上) 공연장이었다. 귀를 찢는 굉음 속에서 사이키델릭 조명이 번쩍거리고 있었다. 아줌마들은 모두 그 군중 속으로 빨려 들어갔다. 잠시 어안이 벙벙하던 나는 일행 몰래 아내와 함께 빠져나와 2층으로 올라갔다.

2층에는 가운데 큰 홀이 있었다. 홀에는 앞을 향해서 가지런히 의자들이 놓여 있었다. 그 의자들에는 나이가 지긋한, 그래서 아래층 공연장에는 섞이지 못할 노인들이 앉아 있었다. 그런데 놀라운 것은 그들이 바라보는 앞쪽에 아래층 공연장의 모습을 그대로 비춰주는 대형 스크린이 걸려 있었다는 사실이다.

아내와 나는 다시 복도로 나왔다. 갈매기들이 떼를 지어 날고 있었다. 사람들이 갈매기를 향해 뭔가 던져주고 있었다. 자세히 보니 새우깡이었다. 그들 중 한 사람에게 그것을 어디서 구했느냐고 물었더니 매점에서 판다고 했다. 우리도 새우깡을 사서 갈매기들한테 팔매질을 했다. 새우깡을 낚아채는 갈매기들의 순발력이 대단했다.

유람선은 인천대교 밑을 통과했다가 팔미도를 돌아서 다시 월미도로 돌아왔다. 해안가에 건축물들이 우뚝우뚝 서 있는 모습을 보면서 바다를 한 바퀴 도는 것이 무슨 관광거리가 되는지 잘 이해가 되지 않았다. 배에서 내린 일행은 다시 버스에 올랐다. 이번에는 시화호 방조제를 구경하러 간다고 했다. 버스 안에서 다시 아줌마들의 춤이 시작되었다. 유람선 선상 공연장에서 한껏 달아올랐던 흥이 여태 가시지 않은 모양이었다.

일행은 시화호 방조제를 구경하고 다시 버스에 올랐다. 춤이 시작되었다. 종일 종이컵 소주에 절은 나는 춤을 출 기력이 없었지만, 아줌마들의 등쌀에 못 이겨 계속 몸을 흔들 수밖에 없었다. 춘천에 가까워질수록 디스코 메들리의 템포가 더 빨라져갔다. 밤이 되어 버스 안의 오색 불빛이 더 휘황찬란하게 보였다.

버스가 마을로 돌아오니 저녁 8시가 되어 있었다. 김순란 씨는 버스에서 내린 후에도 계속 몸을 흔들어대었다. 밥 먹는 시간 빼고 10시간 동안 춤을 추고도 아직 흥이 다 안 풀린 모양이었다. 대단한 체력이었다.

33 꽃도 보고 나물도 캐고

김순란 씨는 월송리에서 우리가 사귄 여러 친구들 중의 한 사람이다. 나하고는 띠동갑이니까 열두 살 아래고, 아내보다는 일곱 살 아래다. 하지만 우리는 격의 없이 친구처럼 지낸다. 그녀는 열여섯에 월송리로 시집와서 아들 하나 딸 셋을 낳았다. 나하고 동갑인 남편이 술을 좋아해서 일찍 죽었지만, 그녀는 씩씩하게 4남매를 키웠다. 딸 셋은 시집가서 잘 사는데, 서른을 훌쩍 넘긴 아들이 아직 장가를 못 가서 그게 걱정이다.

우리가 월송리에 이사 온 지 얼마 안되었을 때의 일이다. 뭐 하나 물어볼 게 있어 김순란 씨에게 전화를 걸었다. 시골에서는 농협에서 주민 전화번호부를 만들어 나누어 준다.

"여보세요? 거기 김순란 씨 집이죠?"

전화를 받은 사람이 처음에는 내 말을 못 알아들었는지 가만히 있었다.

"거기 김순란 씨 집 아닌가요? 김순란 씨 계시면 좀 바꿔주세요."

그제야 말소리가 들렸다.

"엄마, 엄마, 어떤 남자가 엄마를 바꿔달래."

김순란 씨가 전화를 받자 나는 용건을 말하고 전화를 끊었다. 그런데 나중에 알고 보니, 그 전화 때문에 작은 소동이 났다고 했다.

"엄마, 누구야? 누군데 엄마보고 김순란 씨래? 엄마 애인이야?"

"얘는…. 새로 이사 온 교수님이셔. 뭐 좀 물어보려고 전화하셨
대."

"난 또…. 괜히 놀랐네. 그동안 엄마보고 김순란 씨라고 하는
사람 없었잖아."

시골사람들은 자기들끼리 호칭할 때 그 집 첫 아이의 이름을 따
서 누구 아빠, 누구 엄마라고 한다. 김순란 씨의 호칭은 '순원 엄
마'다. 순원이가 그 집 맏이기 때문이다. 남자들은 사회활동을 하
기 때문에 자주 자기 이름이 호명되지만, 여자들은 대부분 자기
이름을 잊고 산다. 그래서 내가 가끔 짓궂은 마음에서 아줌마들의
이름을 부르면 깜짝 놀라곤 한다. 예컨대 '선희 엄마'를 '한예화
씨' 하고 부르는 식이다.

아내와 나는 김순란 씨와 친해진 후 함께 아침산책을 다녔다.
그녀와 산책을 하면 시간 가는 줄 모른다. 웬 이야기거리가 그리
도 많은지 쉴 새 없이 사설을 늘어놓는다. 그녀 덕분에 우리는 마
을 돌아가는 사정을 많이 알게 되었다. 그리고 산책길 어디쯤에
고사리밭이 있는가도 알게 되었다.

시골 여자들이 다 그렇지만, 김순란 씨는 나물 뜯는 데 귀신이
다. 같이 고사리를 뜯어도 우리는 김순란 씨보다 그 양이 반의 반
에도 못 미친다. 내가 발치에 있는 고사리를 못 보고 있으면, "교
수님 발치께에 큰 게 있잖아유" 하고 일러준다.

그녀는 고사리를 뜯는 와중에 취도 뜯고 잔대도 뜯는다. 우리는
고사리에 정신이 팔려 있어 그런 나물들이 눈에 들어오지 않는다.

아내와 나는 낮에 우리끼리만 고사리밭에 가보곤 한다. 김순란

씨 없을 때 실컷 고사리를 뜯어보기 위해서다. 금산리에서 마을로 들어오는 입구 쪽 길가에 있는 고사리밭에서 우리가 고사리를 뜯고 있노라면, 지나가는 사람이 쳐다보곤 한다. 김순란 씨 큰딸도 우리가 거기서 고사리 뜯는 모습을 자주 본 모양이다. 하루는 그 큰딸이 이렇게 말했다고 한다.

"엄마, 들어오는 길에 고양이 한 마리가 죽어있었어."

"그래? 어디께서?"

"왜, 그 교수님네 고사리밭 있잖아? 거기께서."

시유지(市有地)인 그 산의 일부가 졸지에 우리 고사리밭이 되고 만 것이다.

아내와 나는 산책 코스를 세 군데 개발해놓고 있다. 한 군데만 계속 가면 재미가 없기 때문이다. 예의 그 '교수님네 고사리밭'을 지나 금산리까지 갔다 오는 것이 하나의 코스다. 약 2.5킬로미터쯤 되는 코스인데, 자동차가 자주 다니는 게 흠이다. 차량 통행량이 많은 것은 월송1리에서 면사무소 쪽으로 가려면 이 길이 지름길이 되기 때문이다.

하지만 봄에는 이 코스가 환상의 코스가 된다. 산 쪽으로는 진달래가 화사하게 피고, 논 쪽으로는 벚꽃이 흐드러지게 핀다. 벚나무들은 아랫마을인 금산리에서부터 우리집 있는 데까지 일정한 간격으로 줄을 지어 서 있다. 그래서 벚꽃 철이면 그곳이 눈부신 군화(群花)의 터널을 이룬다. 아내는 시내에 나갔다가 돌아올 때 이 길에 들어서면 마음이 편안해진다고 한다. 사실은 우리가 월송리를 귀농지로 정할 때도 이 길이 한몫을 했다.

또하나의 산책 코스는 사래울에 갔다 오는 코스다. 사래울은 월
송리와 방동리 사이에 있는 미니 마을이다. 황씨 사당이 있는 곳
인데, 사당 관리인 외에 두 가구가 살고 있다. 사래울 가는 길에도
고사리밭이 있다. 그리고 산기슭에는 가끔 곰취가 눈에 띈다. 봄
에는 사래울에서 우리 마을로 넘어오는 야트막한 야산이 온통 진
달래밭이 된다. 그리고 황씨 사당 옆에는 황 회장의 커다란 복숭
아밭이 있는데, 도화(桃花)가 만발할 때는 무릉도원이 따로 없다.

마지막 하나의 산책 코스는 월송1리의 자라농장까지 갔다 오는
코스다. 우리 마을에서 고개를 넘어 월송1리로 가다 보면 왼쪽으
로 꺾여 들어간 곳에 자라농장이 있다. 이곳도 자라농장 외에 두
가구가 살고 있는 미니 마을이다. 그중 커다란 감나무 세 그루가
있는 집에는 연세 지긋한 할머니가 혼자 살고 있다. 춘천지역에서
는 시내 말고는 감나무가 잘 자라지 못하는데, 이 마을은 사방이
산으로 둘러싸인 아늑한 지형이어서 추위를 덜 타는 모양이다.

우리가 나타나면 할머니는 사립문에 앉아 있다가 큰 소리로 부
르곤 한다. 우리가 사립문 앞에 있는 평상으로 가서 앉으면, 곶감
을 꺼내 와서 먹으라고 권한다.

"요 메칠 안 보이데. 어디 댕겨 온 겨?"

김유정의 소설에 나오는 산골 마을이 바로 이런 곳이 아니었을
까 싶다.

34 동태찌개 끓여주는 카페

춘천시내에서 서면 쪽으로 오려면, 인형극장 네거리에서 좌회전해서 신매대교를 건너야 한다. 신매대교를 건너면 403번 국도를 만나게 되는데, 거기서 좌회전하여 700미터쯤 남쪽으로 내려오면 '미스터 페오'라는 카페가 있다. 커브를 크게 도는 도로 한편에 이 집 상호가 적힌 커다란 간판이 서 있고, 간판의 아래쪽에는 '커피콩 볶는 집'이라는 글귀가 쓰여 있다. 그 글귀대로 미스터페오는 커피전문점이었는데, 맥주도 함께 팔았다.

> 나스카피 인디언들은 심장 속에 살고 있는 불멸의 동반자인 인간의 영혼을 나의 친구, 위대한 사람이라는 뜻을 가진 미스터 페오라 부른다.

미스터페오의 메뉴판에 적혀 있는 글귀다. 처음 월송리로 이사 갔을 때, 우리는 이따금씩 이 카페에 들러 생맥주를 마셨다. 이 집에서 파는 생맥주는 홍맥주였다. 생맥주에 홍차를 섞어서 붉은빛을 띠었는데, 그 맛이 새콤하면서도 부드러웠다.

그런데 어느 날 이 카페의 주인이 생맥주를 팔지 않겠다고 선언했다. 생맥주 판매는 힘만 들지 이문이 별로 남지 않는다는 것이다. 우리는 몹시 서운했다. 우리집에서 5킬로미터쯤 떨어져 있는 가게이긴 하지만, 서면에서는 생맥주 마실 곳이 그곳밖에 없었기 때문이다. 그런데 얼마 안 가서 희소식이 있었다. 403번 국도에서 우리 마을로 들어오는 길 건너편에 '비단'이라는 카페가 생긴다는 것이다.

비단은 처음에 갤러리를 겸한 카페였다. 남자 주인이 화가였기 때문이다. 여자 주인이 1층에서 경양식 카페를 운영했다. 2층은 전시장 겸 홀이었고, 3층은 살림집이었다. 2층에는 주인 화가의 그림이 몇 점 걸려 있었다. 비단의 출현이 반가운 것은 그것이 우리집에서 과히 멀지 않는 거리에 있기 때문이다. 잘하면 걸어서도 갈 수 있는 거리다. 게다가 우리는 거기서 다시 홍맥주를 마실 수 있었다. 알고 보니 비단의 주인은 미스터페오를 운영하다가 다른 사람에게 넘기고, 그 건물을 새로 지어 옮겨 온 사람이었다.

그러나 그 화가 주인은 비단을 오래 운영하지 않았다. 들리는 소문에는 어느 서울 사람이 그 건물을 샀다고 했다. 그리고 비단에 새로운 주인이 들어왔다고 했다. 궁금해서 아내와 함께 가보았다. 뜻밖에도 새 주인은 아는 사람이었다. 내가 땅 보러 다닐 때 방동리 쪽 땅을 소개했던 여자 중개사였다.

"아니, 어쩐 일이세요? 부동산은 때려치운 거예요?"

"네, 사정이 그렇게 되었어요. 교수님은 월송리에 땅을 사셨다면서요?"

"네, 그걸 어떻게 아세요?"

"교수님 사신 땅의 구옥(舊屋)을 뜯어간 사람이 제 동생이에요."

새 주인은 비단을 우아한 카페로 운영하고 싶다면서, 몇 가지 서양요리 메뉴를 소개했다. 자신이 카페를 운영하기 위해서 요리

학원에서 배운 메뉴들이라고 했다. 그중의 하나를 주문해서 먹어 보았다. 맛은 그저 그런데 양이 좀 적다는 느낌이 들었다. 딸들 식구가 왔을 때 다시 한번 비단에 가서 손자들을 위해 돈까스를 시켰다. 역시 맛은 그저 그런데 양이 좀 적다는 느낌이었다.

비단도 오래 버티지 못했다. 사실 그 카페는 위치가 좀 애매한 곳에 있다. 춘천시내 사람들이 오기에는 가깝지가 않다. 그렇다고 해서 애니메이션박물관이나 신숭겸묘역 같은 관광지가 바로 옆에 있는 것도 아니다. 어차피 서면 사람들을 고객으로 삼아야 하는데, 그들에게는 우아한 카페라는 콘셉트가 잘 어울리지가 않는다.

세 번째 주인 이순자 씨는 상호를 아예 '노을'로 바꿔버렸다. 그리고 가게의 콘셉트도 180도로 바꿔버렸다. 우아한 카페의 이미지를 벗어던지고 친근한 주막집의 이미지로 전환한 것이다. 비단에서는 양주와 맥주만 팔았지만, 노을에서는 소주와 막걸리도 팔았다. 정체를 알 수 없는 서양요리 대신에 들깨수제비를 자신 있는 요리로 내세웠다.

서면 사람들이 노을에 드나들기 시작했다. 이순자 씨는 서면 방동리 출신이었다. 어릴 때 서면에 있던 금산국민학교를 다녔다고 했다. 외지로 시집을 간 그녀는 아들 둘을 낳고 살다가, 남편과 이혼하고 생계를 위해서 고향으로 돌아온 것이다. 그녀는 손님들이 소주를 마실 때면 안주로 동태찌개나 두부찌개를 끓여주었다. 손님들이 낚시로 민물고기들을 잡아오면 즉석에서 매운탕도 끓여주었다. 요컨대 노을에는 정해진 메뉴가 따로 없었다. 손님들이 주문하는 것이 곧 그 집의 메뉴가 되었다.

이순자 씨는 서면 사람들의 요청으로 통닭 메뉴를 개발했다. 그러기 위해서 춘천시내에서 통닭집을 운영하는 사촌에게서 통닭 튀기는 기술을 배우고, 통닭 튀기는 기계를 도입했다. 처음에는 가게에서만 통닭을 팔았지만, 나중에는 통닭을 배달해달라는 요청이 들어왔다. 그 요청에 부응하기 위해서 그녀는 경차를 한 대 구입했다.

하루는 노을에 들렀더니 주인이 없었다. 명함에 적힌 핸드폰 번호로 전화를 했다.

"교수님, 죄송해요. 지금 통닭 배달 가는 중이에요. 잠시만 앉아서 기다리세요. 제가 금방 갈게요."

배달에서 돌아온 이순자 씨에게 물었다.

"이렇게 가게를 비워두고 다녀도 돼요? 도둑이라도 들면 어떡하려고."

"도둑이 이런 시골 구석까지 오겠어요? 막상 와 봤자 가져갈 것도 없구요."

이순자 씨는 내친김에 식사 배달까지 했다. 시골에서는 농사일에 일꾼들을 불러다가 일을 시킬 경우, 그들의 식사를 식당에서 배달시킨다. 그래서 우리는 밭에서 나오는 반찬거리가 남으면 이순자 씨에게 갖다 준다. 노을이 오래오래 버텨주기를 바라는 마음에서다.

35 "에헤 허이 다알고호"

내가 월송리에 온 후, 마을사람 몇 분이 돌아가셨다. 여자분들은 대개 90세 전후였는데, 남자분들은 60세 전후였다. 여자분들은 천수를 누리고 노환으로 돌아가셨는데, 남자들은 모두 중병으로 돌아가셨다.

제일 먼저 돌아가신 분은 앞서 말한 원월호 이장이었다. 그는 건장한 체격을 지니고 있었지만 심장병을 앓고 있었다. 그는 간혹 자신의 심장이 작은 경련을 일으키면 부인에게 만져보라 했다고 한다. 심장이 안 좋은 것을 알면서도 원 이장은 병원에 가지 않았다. 병에 관한 한, 그는 미련한 사람이었다. 부인도 마찬가지였던 것이, 남편이 쓰러지자 병원으로 데려가지 않고 다시 일어나기를 기다렸다고 한다.

성관용 씨는 급체로 돌아가셨다. 저녁 먹고 텔레비전을 보다가 갑자기 배를 움켜잡고 뒹굴었다고 한다. 그분 부인도 미련하기는 마찬가지였다. 남편을 병원으로 데려갈 생각은 않고 바늘로 손가락 끝을 땄다고 한다.

성관용 씨가 죽었을 때는 겨울이었다. 월송2리에 그의 선산이 있었다. 나는 그의 장례에 참석하기 위해 마을사람들과 함께 영구차에 올랐다. 그의 시신이 묻힐 자리에는 벌써 포클레인이 굴착작업을 해놓고 있었다. 상제들이 영구차에서 관을 운반해 가서 베끈을 잡고 하관을 했다. 산역(山役)은 마을에서 젊은 축에 속하는 남자들이 맡았다. 나는 산역꾼들이 그대로 관을 묻는 줄 알았다. 그러나 그들은 탈관(脫棺)을 해서 시신을 관에서 꺼내었다. 광목으로 꽁꽁 묶인 시신이 차디찬 동토(凍土) 위에 놓일 때는 내 몸이 다 시린 것 같았다. 알고 보니, 탈관을 하는 것이 이 마을의 관습이었다. 다들 평생 흙을 만지다가 흙으로 돌아가니까, 관 속에 들어가 있는 것보다 흙과 직접 접촉하는 것이 더 자연스럽다고 생각한 것 같았다.

산역꾼들이 시신 위에 명정(銘旌)을 덮었다. 상주와 그 친척들이 명정 위에 흙을 뿌렸는데, 그것이 마지막 작별인사인 모양이었다. 산역꾼들이 흙을 덮기 시작했다. 회닫이가 시작된 것이다. 여덟 명의 산역꾼들이 긴 장대들을 들고 무덤 속에 들어가 두 줄로 섰다. 회닫이가 시작되기 전에 상주가 산역꾼들에게 막걸리 한 사발과 안주를 돌렸다. 고인의 무덤을 잘 다져달라는 부탁인 것 같았다. 긴 장대를 든 요령잡이가 무덤가에 서서 선소리를 매겼다. 산역꾼들이 그 소리를 받으면서 무덤을 다져 나갔다.

수류에서 겪은 영화 일장춘몽 되었구나
에헤 허이 다알고호 인생 일생 사는 중에 홍망성쇠 번들다가
에헤 허이 다알고호 이 세상을 하직하고 북망산에 가는구나
에헤 허이 다알고호 명사십리 해당화야 꽃 진다고 서러 마라
에헤 허이 다알고호 명년 삼월 봄이 되면 너는 다시 피려니와
에헤 허이 다알고호 인생 한번 돌아가면 다시 오지 못하누나
에헤 허이 다알고호 불쌍하고 가련하다 언제 다시 돌아오나

에헤 허이 다알고호

요령잡이가 들고 있는 장대에는 긴 새끼줄이 달려 있었는데, 상주와 친척들이 거기에다 노잣돈들을 끼었다. 요령잡이가 장대를 흔들 때마다 돈들이 출렁거렸다. 그 돈은 대개 요령잡이의 수고비와 마을 밖에서 장례를 도우러 온 사람들의 회식비로 충당한다고 했다.

난생 처음 목격한 산역꾼들의 회닫이 동작은 매우 흥미로웠다. 그들은 요령잡이의 선소리에 맞춰, "에헤 허이 다알고호" 뒷소리를 하면서 장대를 오른손 왼손으로 번갈아 옮겨 쥐었다. 그와 동시에 오른발 왼발을 번갈아 들어 올려서 힘을 주어 땅을 밟았다. 그러면서 자리를 한 칸씩 이동하여 무덤 속을 빙빙 돌았다.

처음에는 한 박자씩 뒷소리를 하면서 천천히 몸을 움직였지만, 반복될수록 차츰 속도가 빨라졌다. 뒷소리가 반복될 때마다 자리가 한 칸씩 이동되므로 이렇게 8회가 반복되면 애초에 출발했던 자리로 돌아오게 되어 있었다. 횟수가 반복될수록 동작이 빨라졌고, 절정에 달했을 때는 열정적인 춤을 추는 듯했다.

회닫이는 3차에 걸쳐 진행되었다. 세 번을 거듭하는 사이에 무덤의 흙은 평지와 거의 수평을 이루었다. 그러자 다시 포클레인이 동원되어 봉분을 만들고 산역꾼들이 그 봉분 위에 뗏장을 입혔다. 성분(成墳)이 완료되자 상주가 봉분 앞에서 평토제(平土祭)를 지냈다. 모든 절차가 끝났을 때 참석자들에게 국밥이 배급되었는데, 추위에 떨다가 먹는 그 국밥이 그렇게 맛있을 수가 없었다.

나는 평소 자식들에게 내가 죽으면 화장을 해달라고 일러놓았다. 매장을 한다면 공원묘지 같은 데가 될 텐데, 기껏해야 손자 대(代)까지나 성묘를 올 것이 빤하기 때문이다. 그러느니 차라리 화장을 해서 강물에 띄워 보내는 게 죽음의 의미와도 맞을 것 같았다.

　그러나 나는 그 장례 행사를 보면서 생각이 좀 달라지려고 했다. 나를 아는 사람들의 배웅을 받으면서 땅속에 묻히는 것도 참 괜찮은 일이로구나 하는 느낌이 들어서였다.

36 10년 지어도 여전히 서툰 농사

월송리에 들어와서 농사지은 지 5년쯤 되었을 때다. 지내리에서 4년, 팔미리에서 1년 농사를 지었으니, 농사 시작한 지 10년이 되는 때였다. 그런데도 나의 농사 실력은 하나도 나아진 것이 없었고, 여전히 초보 상태에 머물고 있었다. 이제 나도 좀 제대로 농사를 지어봐야겠다는 생각이 들었다.

우선 작물의 선택부터가 문제였다. 가만히 보니까 우리는 아무런 계획 없이 이것저것 닥치는 대로 작물을 심는 경향이 있었다. 밭이 큰 탓도 있었다. 봄에 밭을 만들고 나서 그 광활한 면적을 바라보고 있으면 어서 뭐든 심어야겠다는 강박관념이 생긴다.

"저 넓은 밭을 뭘로 다 채워요?"

"이것저것 씨도 뿌리고 모종도 심으면 결국에는 다 채워지겠지."

그러나 나중에 보면 그것만큼 무책임하고 위험한 생각은 없다. 심는 것도 고생, 키우는 것도 고생 그리고 처리하는 것도 고생이기 때문이다.

또 내 귀가 얇은 탓도 있었다. 누가 뭘 심었더니 잘되더라 하면 별생각 없이 따라 심었다. 그 점에 있어서는 아내도 마찬가지였다. 누가 당근을 심었다 하면 우리도 당근을 심었고, 누가 근대를 심었다 하면 우리도 근대를 심었다.

나는 당근이 그렇게 가꾸기 힘든 작물인지 몰랐다. 당근 씨를 사다가 뿌렸더니 싹이 올라오는데, 풀싹도 같이 올라왔다. 얼마나 비슷하게 생겼는지 처음에는 당근 싹과 풀싹을 구분하기 힘들었다. 나중에는 구분이 되었지만, 풀싹을 뽑다 보면 당근 싹도 같이 뽑혔다. 매일 당근밭 김을 매는 것이 큰 일거리였다. 당근은 또 보관하기가 힘든 작물이었다. 뭣도 모르고 이걸 감자박스에 담아서 창고 안에 넣어두었다가 나중에 박스를 열어보니, 당근이 모두 말라비틀어져서 미라처럼 되어 있었다.

근대는 너무 잘 자라는 것이 탈이었다. 아무 생각 없이 4평쯤 되는 밭에다 씨를 뿌렸더니 수확량이 어마어마하게 많았다. 근대를 넣고 된장국을 끓이면 그 구수한 맛이 일품이기는 했다. 그러나 매일, 매 끼니마다 근댓국을 먹을 수는 없는 노릇이 아닌가. 우리 둘만 먹는다면 수확된 근대를 다 소비하는 데 1년은 걸릴 것 같았다. 그렇다고 아까운 근대를 버릴 수도 없었다. 결국에는 남 주는 것이 해결책이었다.

수확한 작물을 남 주는 것도 쉬운 일이 아니다. 우선 받는 사람이 그걸 반길지가 의문이다. 오이농사를 하는 마을사람들이 오이를 갖다 주면, 우리도 사실 처치곤란일 때가 많다. 게다가 남는 수확물을 남에게 실어다주는 것도 예삿일이 아니다. 근대 한 다발 주면서 월송리까지 오라고 할 수는 없지 않은가. 할 수 없이 우리가 갖다 주어야 하는데, 그 대상이 이웃도 아니고 모두 시내에 있으니 그것이 보통 일이 아니었다.

그래도 우리에게는 그걸 갖다 주면 좋아할 데가 두 군데나 있어서 다행이었다. 한 군데는 우리가 집을 지을 때 자주 이용했던 길손식당이었고, 또 한 군데는 이순자 씨의 카페 노을이었다. 두 군데가 다 밥장사를 하는 곳이어서, 많은 양을 갖다 주어도 상관이 없었다. 아니, 많을수록 좋아했다. 들깨가 웃자라서 순을 질러야 할 때, 그 많은 깻잎을 어떻게 처리할까를 걱정할 필요가 없었다.

하지만 아무리 그렇더라도 기껏 농사지어서 남 주는 게 자랑할 일은 못 된다. 그래서 농사를 제대로 짓기 위한 첫 번째 조치로서 우리는 작물을 엄선하기로 했다. 선택의 기준은 첫째가 손이 많이 안 가는 작물이었다. 고구마, 콩, 들깨, 옥수수가 거기에 속한다. 둘째, 살림에 보탬이 될만한 작물이었다. 고추는 손이 많이 가지만 가장 쓰임새가 많아서 심지 않을 수 없었다. 셋째는 채소류였다. 상추, 쑥갓은 기본이고, 오이, 가지, 토마토를 심기로 했다. 가을 농사로는 배추와 무 그리고 쪽파만 심기로 했다.

그 다음 조치로는 심는 시기를 마을사람들의 보조에 맞추기로 했다. 우리는 적기(適期)보다 항상 일찍 심어서 탈이었다. 콩은 하지(夏至)에, 들깨는 중복(中伏)에 심어야 할 것을 그냥 5월 초에 심곤 했으니 말이다. 고구마도 너무 일찍 심었더니 잎과 줄기만 무성하고 열매는 많이 달리지가 않았다.

농사를 잘 짓기 위한 또하나의 조치로 관리기를 구입하기로 했다. 봄에 밭을 갈아엎을 때는 박명신 씨의 트랙터에 의존할 수밖에 없지만, 이랑을 만드는 것은 내 의지대로 하고 싶었다. 첫해는 내가 삽으로 이랑을 만들었고, 이듬해는 박씨가 트랙터에 부착된 휴립기(畦立機)로 이랑을 만들어주었다. 그런데 그 이랑이 영 마음에 들지 않았다. 트랙터의 휴립기로 이랑을 만들면 가로로 한 줄씩 통째로 이랑을 만들 수밖에 없다. 그러면 밭 한가운데다 세로로 통로를 만들 수가 없어서 다니기가 불편했다. 게다가 박씨가 만들어준 이랑은 삐뚤빼뚤했고, 이랑 사이의 폭도 들쭉날쭉했다. 약간의 정돈벽이 있는 내 성격과 맞지 않았다.

큰마음 먹고 농협에 의뢰해서 관리기를 구입했다. '아세아농업기계'에서 만든 AMC-880S라는 관리기였다. 관리기와 함께 그것에 부착해서 쓰는 작업기들인 구굴기(挖掘機), 휴립기, 비닐피복기, 쟁기 등도 구입했다. 그런데 막상 사용해 보니 180킬로그램이나 되는 이 관리기의 무게가 그야말로 장난이 아니었다. 한번은 내가 운전을 잘못해서 관리기가 옆으로 자빠졌는데, 혼자서는 일으켜 세울 수가 없어서 마을사람을 불러야 했다.

관리기는 내가 기계치(機械痴)임을 여실히 증명해주었다. 휴립기를 가지고 이랑을 만들 때, 농부들 같으면 두세 시간에 끝낼 일에 나는 하루가 꼬박 걸렸다. 비닐피복기를 가지고 멀칭을 하는 것도 마음대로 잘 되지 않았다. 비닐이 흙 속에 제대로 파묻히지 않고 펄럭거려서 흙 위로 드러나곤 했다. 그걸 삽으로 다시 파묻으려니 이중 일이 되었다. 어느 날 비닐피복기를 잡고 몇 시간째 낑낑대고 있는데, 지나가던 마을사람이 보고 달려왔다. 그는 능숙한 솜씨로 30분 만에 나머지 멀칭을 깔끔하게 해치웠다.

37 '기계치'는 서러워

　AMC-880S 아세아관리기는 1년 만에 처분해버렸다. 아무래도 나에게는 버거운 기계였다. 내가 그 관리기를 안고 쩔쩔매는 꼴을 보면서 아내가 놀렸다.

　"당신 경운기 안 사길 천만다행이네요. 처음에는 경운기 사겠다고 날뛰었잖아요."

　이건 내가 기계를 다루는 건지, 기계가 나를 다루는 건지 모를 지경이었다. 그리고 기계를 조종하는 것이 힘에 부치다 보니까 위험하기도 했다. 아무래도 나에게는 미니 관리기가 적합하다는 생각이 들었다. 인터넷을 뒤졌더니 여러가지 종류의 미니 관리기가 나와 있었다. 그러나 그 기능들을 살펴보니 대부분 10평짜리 텃밭용이었다. 땅을 파서 뒤집는 것이 아니라 겨우 흙을 긁는 정도의 기능밖에 없었다.

　인터넷을 더 열심히 서핑했더니, 확 눈에 들어오는 기계가 하나 있었다. 일제 후지로빈-K452라는 관리기였다. 무게가 50킬로그램 정도밖에 안 나가는 가벼운 기계인데도 여러가지 기능을 갖추고 있었다. 판매자의 설명에 의하면, 이 기계는 무엇보다도 중경(中耕)의 기능이 있다고 했다. 흙을 그냥 긁는 정도가 아니라 꽤 깊이 로터리를 칠 수 있다는 것이다. 또 구굴로터리 기능이 있어서 얕은 이랑은 힘들이지 않고 만들 수가 있다고 했다. 그리고 옵션으로 제공되는 휴립기 세트를 구입하면, 높은 이랑도 쉽게 만들 수가 있다고 했다.

하지만 가격이 문제였다. 수입품이라 그런지 휴립기 세트까지 합치면 그 값이 300만원을 훌쩍 넘어갔다. 아내가 반대하고 나섰다.

"아니, 1년 농사해서 수익은커녕 마이너스 안되면 다행인데, 그런 비싼 기계까지 산다는 게 말이 돼요? 기술 배울 생각은 않고 기계만 자꾸 사대면 어쩌자는 거예요?"

아내의 말이 맞기는 했지만, 아세아관리기의 그 육중한 무게에 시달리던 생각을 하니까 좀처럼 포기가 되지 않았다. 며칠 고민하고 있는데, '지름신'이 도래해서 그냥 '질러'버렸다. 기계가 도착해서 시운전을 해보았다. 작고 아담한 것이 꽤 힘이 세었다. 비싼 만큼 값어치를 하는 것 같아서 다행이었다.

기계에 관한 한 나는 아내의 핀잔을 아무리 많이 들어도 시원치 않은 사람이다. 사실은 관리기뿐만 아니라 예초기도 세 개나 샀기 때문이다. 누가 예초기는 일제 혼다가 좋다고 해서 맨 처음 그걸 구입했다. 그런데 이게 계속 말썽을 부렸다. 도대체 시동이 안 걸렸다. 모처럼 잡초 좀 깎아보려고 마당에 나섰는데, 시동이 안 걸리는 것이다. 이리도 해보고 저리도 해보고, 그놈과 씨름하다 보면 오전이 다 가버렸다. 할 수 없이 수리점으로 싣고 갈 수밖에 없었다. 이해할 수 없는 것은 이놈이 수리점에만 가면 금방 시동이 걸린다는 것이다.

그런데 더 기가 막힌 것은 이놈이 집에만 오면 또 시동이 안 걸린다는 것이다. 그래서 시동이 안 걸리고 수리점에 싣고 가기를 나는 수차례 되풀이했다. 어느 날 또 시동이 안 걸려서 수리점에

싣고 갔다. 수리 기사가 나를 힐끗 보더니,

"아저씨, 또 왔어요?" 하고 한심하다는 표정을 지었다.

나는 무안했지만 애써 태연한 표정을 지으면서, "예, 또 왔어요, 아무래도 이 기계하고 나하고는 궁합이 안 맞는가 봐요" 하고 변명 아닌 변명을 늘어놓았다.

그러자 수리 기사는 "아저씨도 참, 기계하고 궁합이 안 맞는다는 게 말이 돼요? 아저씨가 잘못 써서 그렇지. 이건 30만원이 넘는 비싼 예초기예요. 다른 사람들은 10여 만원짜리 국산 예초기 가지고도 10년을 넘게 써요. 그런데 아저씨는 이거 산 지 1년도 안됐잖아요. 그런데 나한테 수리하러 온 게 벌써 몇 번째예요?" 하고 면박을 주었다.

입이 열 개라도 할 말이 없었다.

누가 가스예초기를 쓰면 시동 문제가 해결된다고 했다. 다시 거금을 들여 가스예초기를 구입했다. 아닌 게 아니라 시동 거는 데는 문제가 없었다. 그러나 이 물건 또한 결정판은 아니었다. 무엇보다 이놈은 엔진이 손잡이의 위쪽에 붙어있어서 등에 짊어질 수가 없었다. 손잡이에 달린 멜빵을 어깨에 메고 작업을 해야 하는데, 무거운 엔진통이 자꾸 옆구리에 걸렸다. 그러니 자연히 자세가 불편할 수밖에 없었다.

인터넷 검색창에다 '시동 잘 걸리는 예초기'라고 쳐보았다. 일제 로빈예초기가 1위로 떠올랐다. 아내의 눈총을 무릅쓰고 또 그걸 구입했다. 과연 시동이 잘 걸렸다. 기계가 좋은 덕분인지, 아니면 내가 예초기 관리를 잘해서 그런지, 이놈은 아직까지는 말썽을 부리지 않고 있다. 나의 예초기 관리라는 것이 별스러운 게 아니다. 매번 쓰고 나면 엔진을 공회전시켜서 남은 연료를 다 태워버리는 것이다.

나는 엔진으로 작동되는 기계들에 일종의 콤플렉스가 있다. 예초기 외에도 다양한 엔진기계로부터 스트레스를 받았기 때문이다. 분무기가 그랬고, 잔디깎기가 그랬다. 엔진기계에는 두 가지 종류가 있는데, 연료통에 엔진오일과 휘발유를 섞어서 넣는 기계가 있고, 둘을 따로 넣는 기계가 있다. 잔디깎기는 그 둘을 따로 넣는 기계다. 그런데 잘못해서 엔진오일을 정량 이상으로 넘치게 붓는 바람에 잔디깎기 기계 하나를 완전히 망가뜨리기도 했다.

그래서 궁여지책으로 생각해낸 것이 되도록이면 전기로 작동되는 기계들을 쓰자는 것이었다. 전동기계들은 좀처럼 고장이 나지 않는다. 연료를 쓰지 않기 때문에 고장 날 게 없다. 그러나 잔디깎기의 경우 한 가지 불편한 점이 있다. 그것을 밀고 다닐 때 전선이 따라다녀서 몹시 거추장스러운 것이다. 그래서 나는 충전용 잔디깎기를 사용한다. 예전의 충전용 기계들은 힘이 약하고, 전지가 빨리 닳는 게 흠이었다. 그러나 지금은 기술이 발달해서 그 결점들이 모두 개선되었다. 다만 전기로 작동되는 잔디깎기보다 가격이 세 배쯤 비싼 게 문제인데, 기계치가 어쩔 수 없이 치러야 할 대가라고 합리화하면서 사용하고 있다.

38 "제초제 칠 바에야…"

시멘트를 바르지 않은 땅에서는 어김없이 풀이 돋아난다. 우리 땅에는 시멘트가 차지하고 있는 면적이 얼마 되지를 않는다. 길동이 집으로 지었다가 창고로 바뀐 부분과 수돗가 두 군데에만 시멘트가 발라져 있을 뿐이다.

주택과 잔디밭 사이 10평 정도의 면적에는 보도블럭이 깔려 있다. 그리고 주택 양 옆으로도 사람이 지나다닐 만큼의 면적에 보도블럭이 깔려 있다. 그 보도블럭 사이사이에서도 풀이 돋아난다. 마을길에서 집으로 들어오는 기역 자 진입로와 집 뒤쪽의 마당에는 콩자갈이 깔려 있는데, 그 콩자갈에서도 풀이 돋아난다.

한여름에 풀이 쳐들어오는 기세는 성난 파도처럼 무섭다. 장마철에는 며칠만 제초를 하지 않으면 풀이 순식간에 정글을 이룬다. 아내가 보다 못해 닦달을 한다.

"저 열대우림 같은 풀을 다 어쩔 거예요?"

"걱정 마, 로빈예초기가 있잖아."

예초기가 없었다면 나는 아마 농사짓기를 포기했을 것이다. 낫으로 베면 하루 종일 걸릴 것을 예초기는 한 시간이면 해치운다. 아무리 맹렬하게 기세를 떨치던 잡초라도 예초기 앞에서는 추풍낙엽이다. 하지만 예초기의 손길이 닿을 수 없는 곳이 있다. 작물들이 왕성하게 줄기를 뻗어서 덮어버린 밭고랑이다.

콩은 본잎이 5~6장 나왔을 때 순지르기를 해야 한다고 되어 있다. 그래야 키가 크지 않고 곁가지가 많이 나와서 수확이 많다는 것이다. 그래서 나도 열심히 순지르기를 했다. 그런데도 내가 퇴비를 많이 뿌린 탓에 우리 콩은 멀대처럼 키가 크고 잎이 무성했다. 콩 줄기가 나중에는 밭고랑을 덮어버려서 이랑과 고랑이 구분되지 않을 지경이 되었다. 들깨는 콩처럼 잎이 무성해지지는 않았지만, 본때 없이 키만 커서 장마철에는 죄 옆으로 쓰러졌다.

작물에 가려졌다고 해서 밭고랑에서 풀이 나지 않는 것은 아니다. 풀이 작물과 경쟁을 하다 보니까 오히려 더 왕성하게 자란다. 작물과 잡초가 난마와 같이 얽혀 있는 밭고랑에는 예초기가 들어갈 자리가 없다. 그런 곳에 예초기를 잘못 들이대었다가는 잡초뿐만 아니라 작물까지 싹둑 잘라버릴 위험성이 농후하기 때문이다.

하루는 내가 예초기로 풀을 깎고 있는데, 박명신 씨가 지나가다가 보고서 다가왔다. 내가 예초기의 스위치를 껐다. 예초기의 엔진이 돌고 있으면 엔진 소리가 너무 시끄러워서 대화를 나누기가 힘들다.

"김 형, 뭐 해유?"

"보시다시피 풀 깎고 있지요."

"풀 깎는 게 고생스럽지 않우?"

"고생스럽다마다요. 하지만 어쩌겠어요. 그대로 두면 밀림이 될텐데."

"김 형도 참 미련하우. 좋은 방법이 있는데도 마다하고 있으니."

"제초제 말이요? 제초제 얘기라면 꺼내지도 마세요. 제초제 칠바에야 농사 때려치우고 농산물 사 먹고 말지요."

"하도 보기 딱해서 그래유. 교수님이 저렇게나 땀을 뻘뻘 흘리면서 고생을 하고 있으니."

박씨뿐만 아니다. 마을사람들은 내가 제초작업 하고 있는 걸 보면 다 한마디씩 한다. 제초제 사다 뿌리면 1년 농사가 편할 텐데 무엇 때문에 그 고생을 하느냐고. 사실 시골사람들 밭에는 풀이 없다. 우리 마을뿐만 아니다. 박근갑 교수가 사는 송암리에 가보면, 경작지들이 다들 분통(粉桶)같이 말끔하다.

그런데 참 아이러니컬한 것은 마을사람들이 우리집으로 나물을 뜯으러 온다는 사실이다. 우리 밭에서는 온갖 나물들이 돋아난다. 쑥, 질경이, 비름, 고들빼기, 냉이, 달래, 민들레, 미역취 등이 귀찮을 만큼 돋아난다.

"사모님, 저 쑥 좀 캐 가도 돼유? 효소 좀 담그게유."

"아니, 그 집 밭에는 쑥이 없나요?"

"우리 밭엔 제초제 쳤잖아유."

나도 가끔씩 제초제의 유혹을 안 받는 것은 아니다. 풀 깎는 데 지치고 짜증이 나면 마음이 흔들리기도 한다. 요새는 친환경 제초제도 많이 개발되어 있다고 하지 않는가.

하지만 제초제의 폐해를 머릿속에 떠올리면 그 유혹이 금세 달아난다. 흙 속에는 세균, 방사상균, 사상균(곰팡이) 등 헤아릴 수 없을 만큼 많은 미생물들이 살고 있다고 한다. 그런데 제초제를 계속 사용하면 세균과 방사상균에 비해 사상균의 비율이 높아져서 곰팡이형 토양이 된다는 것이다. 뿐만 아니라 토양미생물의 활동도 약해져서 유기물의 분해가 잘 안되고, 떼알조직이 파괴되며,

산성 토양이 된다고 한다. 그리고 지온과 토양수분이 변화해서 토양을 버려놓는다고 한다.

어느 날, 인터넷을 보다가 제초매트라는 것이 있다는 걸 알았다. 제초매트란 가느다란 비닐들을 섬유처럼 교직시켜서 짠 매트다. 비닐보다 두껍고 질기며, 무엇보다도 배수가 잘된다는 것이 장점이라고 했다. 값이 비닐보다 훨씬 비쌌지만, 잡초에 시달릴 대로 시달린 나에게는 가격이 문제가 되지 않았다.

그걸 사다가 밭고랑과 밭 주위에 깔았다. 플라스틱 팩을 박아서 고정시키는 일이 좀 힘들었다. 그리고 농사일이 끝났을 때 그걸 다시 걷는 것도 예삿일은 아니었다. 하지만 풀과의 전쟁이 반 이상 줄어들어서 그 정도의 수고는 감수해야 했다. 하지만 제초매트는 전혀 예상하지 못한 문제점을 안고 있었다. 그걸 깐 뒤로 우리밭에서 나물들이 자취를 감춘 것이다. 할 수 없이 이듬해부터는 제초매트 까는 것을 포기했다. 나물들이 사라진 밭은 전혀 밭 같지가 않았기 때문이다.

39 고추 100그루 심어 100근 수확

앞에서 나는 농사를 제대로 지어보기 위한 조치로서 세 가지를 꼽았다. 심을 작물을 엄선할 것, 심는 시기를 마을사람들에게 맞출 것 그리고 관리기를 갖출 것 등이다. 그러나 그 정도만 가지고 제대로 된 농사꾼의 수준을 넘보겠다는 것은 허황된 욕심이었다.

전문 농사꾼 흉내라도 낼 양이라면, 작물을 심는 방법, 작물에 따라 넣어야 할 거름의 종류, 밑거름과 웃거름의 비율, 순지르기의 시기, 병충해의 방제 등 챙겨야 할 사항들이 너무 많다. 물론 영농교본에는 그런 것들에 대한 설명이 나와 있다. 하지만 영농교본은 어디까지나 하나의 지침서일 뿐, 실천적인 노하우는 각 지역의 기후와 토질에 따라 달라질 수밖에 없다.

다시 1년을 버벅거린 끝에 나는 새로운 조치를 하나 생각해냈다. 즉 전문 농사꾼 한 사람을 멘토로 정해서 실천적 노하우를 직접 배워보자는 것이었다.

내가 찍은 나의 농사 멘토는 박명신 씨였다. 그는 명색이 내 친구니까 아무래도 딴 사람보다는 편하게 대할 수 있기 때문이다. 그는 평소에도 나의 밭에 들러서 이것저것 살아있는 지식들을 가르쳐주곤 했다. 그런 지식들을 이제는 체계적으로 배워보고 싶었다.

어느 날 나는 노트와 필기도구를 지참하고 박씨 집을 찾아갔다.

"박 형, 오늘은 내가 박 형을 선생으로 모시고 공부 좀 하려고 왔어요."

"선생이라뇨? 내가 어떻게 김 형의 선생이 될 수 있단 말이우?"

"농사에 대해서는 박 형이 내 선생 아니오. 박 형이 가진 농사 지식을 나한테 몽땅 좀 가르쳐주시구려."

나는 준비했던 노트를 펼치고 필기도구를 꺼내 들었다. 내 노트에는 내가 물어보려고 하는 작물들의 이름이 죽 적혀 있었다. 박 씨가 갑자기 손사래를 치면서 당황한 표정을 지었다.

"김 형, 이러지 마슈. 내가 아는 게 뭐가 있다고."

"아니, 박 형은 농사지은 지 50년이나 되었다면서요. 박 형이 농사를 모른다면 이 세상에 누가 농사를 알겠소?"

"농사지은 지는 오래됐시다만, 남한테 가르쳐줄 만한 정도는 아니라우."

"아니, 평소에도 나한테 이것저것 가르쳐주지 않았소?"

"그야 그때그때 김 형 하는 거 보면서 코치를 좀 해준 것뿐이지."

박씨는 자신이 선생이 되어 누굴 가르친다는 사실 자체를 객쩍어하는 것 같았다. 더구나 자신의 말을 받아 적으려고 덤비는 나의 행위에 대해서는 두려움마저 느끼는 것 같았다.

"농사를 하다 보면 실패할 때가 많다우. 똑같은 방법으로 했는데, 어느 해는 잘되고, 어느 해는 엉망이 된단 말야. 그럴 땐 원인을 몰라 답답하기 짝이 없다우. 농협 같은 데 가서 물어봐도 속 시원한 대답은 안해주고…. 그러니 내가 어떻게 남을 가르치겠수?"

"그야 실패할 때도 있겠지요. 하지만 박 형 방식대로 해서 지금껏 잘해오고 있지 않소? 정 그러시다면 내가 묻는 것만이라도 대답을 해주시오."

"알았시다. 물어보시구랴. 아는 데까지 말해볼 테니."

그날 내가 박씨로부터 얻은 지식이 많은 것은 아니었지만, 꽤 도움이 될만한 것들이었다. 고추 모종을 심을 때는 구멍 속에 코니도 입제를 조금씩 넣어주면 진딧물이 끼지 않는다든지, 고추는 퇴비와 복합비료 외에 미량요소(微量要素)를 비롯한 영양제를 주어야 수확이 많다든지, 그런 실질적인 노하우들이었다.

나는 그해 고추를 심지 않으려고 했다. 영농교본에 의하면 3년을 계속 심은 땅에는 고추를 심지 말라고 되어 있었다. 연작피해가 온다는 것이다.

"박 형, 나는 금년에는 고추를 심지 않으려고 해요."

"왜요?"

"비닐하우스에서 3년 연속으로 고추농사를 했소. 먼젓번 주인도 바로 그 하우스 자리에 고추를 심었던데, 그것까지 합치면 4년 연작이 되는 셈이오."

"나는 7년째 똑같은 하우스에서 짓고 있는데유. 밭을 갈기 전에 퇴비 속에 토양살균제와 탄저예방제를 뿌려서 갈아보시우. 그럼 괜찮을 거유."

나는 그해 고추를 큰 하우스에 70대, 작은 하우스에 30대, 도합 100대를 심었다. 그러고는 나의 농사 멘토가 가르쳐준 팁들을 충실히 이행했다. 고추 모종을 심을 때 모종의 뿌리에 코니도 입제를 살짝 묻혀 심었더니, 과연 진딧물이 끼지 않았다. 관수(灌水)시설로 고추에 물을 줄 때는 큰 수조 속에 칼슘제를 비롯한 영양제와 미량요소들을 섞어서 주었다.

고추가 무섭게 성장하기 시작했다. 키가 얼마나 커지던지, 작은 하우스의 경우 천장에까지 닿을 정도였다. 이건 채소가 아니라 고추나무라고 해야 할 판이었다. 아내가 고추 말릴 것을 걱정했다.

"저 많은 고추들을 다 어떻게 말려요?"

"고추건조기를 한 대 사지 뭐. 농사용 전기로 돌리면 전기세도 얼마 안 나온다잖아."

고추건조기는 정말 편리한 기계였다. 붉은 고추를 따다가 수돗가에서 물로 깨끗이 씻어서 건조기 속에 넣어놓으면, 어느새 고추가 말라있곤 했다. 팔미리에서 고추 좀 말려보겠다고 온갖 쇼를 벌였던 생각이 났다. 고추를 건조기에서 말리면 태양초에 비해 색깔이 좀 나빠진다고 했다. 그래서 나는 건조기의 온도를 설명서에 나와 있는 것보다 약간 낮게 책정해서 돌렸다. 그랬더니 시간은 좀더 걸렸어도, 색깔은 태양초에 비해 별로 뒤지지 않았다.

그해 우리는 건고추 기준으로 100근의 고추를 수확했다. 고추 100그루에 100근을 수확했으니, 모종 1대당 1근의 고추가 나온 셈이었다. 고추농사 지은 지 10년 만에 처음으로 제대로 된 고추농사를 해본 것 같아서 기분이 뿌듯했다.

40 농사는 과학이고 문화인 것을

'농부의 마음은 콩 세 알을 심는 마음'이라는 말이 있다. 한 알은 벌레를 위해, 또 한 알은 새나 동물을 위해, 마지막 한 알은 이웃과 나누기 위해 심는다는 것이다. 그러나 말이 그렇다는 것이지, 실제로 그렇게 했다가는 헛농사를 감수해야 한다.

나는 콩밭을 만들 때 더이상 퇴비를 뿌리지 않는다. 퇴비를 뿌리면 잎만 무성해져서 열매가 잘 달리지 않는다는 말을 수없이 들었기 때문이다. 나의 농사 멘토 박씨는 밭에 콩알을 그냥 심으면 새가 와서 떡잎을 쪼아 먹어버리니까 사전 조치를 해야 된다고 했다. 나는 박씨가 일러준 대로 농협에 가서 '새총'이라는 붉은색 액체를 사가지고 왔다. 그러고는 콩알을 그 붉은색 액체에 묻혔다가 말려서 한 구멍에 세 알씩 심었다. 심을 때는 멘토의 지시대로 구멍 속에 미리 준비해두었던 나무와 종이를 태운 재를 한 줌씩 넣었다.

콩이 떡잎을 두 장 단 채로 싹을 내밀었다. 지내리에서는 그 싹들을 새가 와서 잘라 먹었는데, 이번에는 '새총'의 효력으로 새들이 달려들지 않았다. 본잎은 잎줄기 하나에 세 장씩 달렸다. 본잎이 5~6장이 되었을 때 순지르기를 해야 된다는 원칙에 따라 순을 질러주었다. 그렇게 하니까 아닌 게 아니라 곁가지가 많이 불어났다. 제초매트를 깔지 않은 고랑에 풀이 기승을 부려서 예초기로 세 번이나 깎아주었다. 그리고 콩꽃이 피었을 때는 멘토의 지시대로 NK비료라는 것을 웃거름으로 주었다.

그해 우리는 콩을 한 가마나 수확했다. 고추농사에 이어 콩농사에서도 성공을 거둔 것이다. 아내는 그 많은 콩을 어떻게 할 것인가를 놓고 행복한 고민을 했다.

"저 많은 콩을 다 어떻게 해요?"

"무슨 걱정이야. 된장도 담가 먹고, 두부도 해 먹고 하면 되지."

"내가 그런 걸 해봤어야 말이지요."

"내가 인터넷을 뒤져서 알아볼게. 그런 거 담는 요령이 나와 있을 거야. 그리고 이웃사람들한테도 물어보면 되지."

내가 인터넷을 검색해서 수집한 설명서들을 보면서 아내가 두부를 만들었다. 두부 만들기의 핵심은 콩물을 끓이면서 거기에 간수를 넣는 것이었다. 마침 우리에게는 소금자루에서 흘러나온 간수를 받아놓은 것이 있었다. 간수와 섞인 콩물이 뭉글뭉글 엉기면서 순두부의 모습으로 변해가는 모습이 신기했다. 내 밭에서 수확한 콩을 가지고 내 손으로 만들어 먹는 두부의 맛은 가게에서 사다 먹던 두부하고는 비교가 되지 않았다.

된장은 아무래도 경험이 많은 이웃의 도움을 받는 것이 좋겠다고 생각했다. 그래서 전통음식을 만드는 데 일가견이 있음을 자부하는 노인회장 부인에게 도움을 청했다. 된장을 만드는 과정은 두부 만드는 과정보다 훨씬 복잡하고 시간도 많이 걸렸다. 된장 만들기의 핵심은 말린 메주를 볏짚으로 묶어서 따뜻한 방에서 띄우는 것이었다. 볏짚으로 묶는 이유는 볏짚 속에 발효를 돕는 곰팡이들이 많이 들어있기 때문이라고 했다. 이 곰팡이들이 효소를 분

비해서 콩의 단백질을 분해한다고 했다. 나는 띄운 메주에 소금물을 부어서 우려낸 것이 간장이 되고, 그 남은 것이 된장이 된다는 것을 그때 처음 알았다. 그해 우리는 많은 사람들로부터 우리집 장맛이 구수하다는 소리를 들었다.

고추와 콩은 한번씩 성공을 거두었지만, 배추는 그렇지 못했다. 나는 멘토로부터 배추가 거름이 너무 세면 맛이 없어진다는 말을 얼핏 들은 것 같았다. 그래서 배추밭을 만들 때 퇴비를 많이 넣지 않았다. 그런데 알고 보니 '거름이 너무 세다'는 말은 '화학비료를 너무 많이 주면'이라는 뜻이었다. 배추는 전형적인 다비성(多肥性) 작물이라는 것을 알고도 퇴비를 적게 넣는 바람에 우리 배추는 왜소한 배추가 되었다.

개울 건너 정명화 씨 배추는 농구공처럼 크고 단단하게 보였다. 그리고 크기가 일정했다. 전문 농사꾼과 엉터리 농사꾼을 구별하는 방법 중의 하나는 작물의 크기를 살펴보는 것이다. 금산리의 대형 배추밭을 보면 배추들이 기계로 찍어낸 듯이 크기가 일정하다. 우리 작물은 무엇 때문인지 항상 크기가 들쭉날쭉했다.

김장 때가 되면 딸들이 모두 우리집으로 모인다. 다 함께 김장을 하고 각자 김치를 가져가기 위해서다. 그런 계산에서 우리는 배추를 120포기 심었는데, 배추가 왜소해지는 바람에 양이 반밖에 되지 않았다. 할 수 없이 정명화 씨에게서 모자라는 배추를 사서 김장을 담갔다. 그런데 나중에 보니까 우리의 왜소한 배추에도 한 가지 좋은 점은 있었다. 정명화 씨의 배추로 담근 김치는 빨리 물렀는데, 우리 배추로 담근 김치는 쉬이 무르지 않았다. 김치의 맛도 우리 배추로 담근 것이 훨씬 더 나았다. 정씨의 배추가 그처럼 커진 것은 화학비료 덕분이었던 것이다.

나는 그냥 밭을 만들어서 씨를 뿌리면 작물이라는 것은 저절로 자라기 마련이라는 착각에서 벗어나는 데 10년이 걸렸다. 농사는 과학이었다. 적어도 자신이 재배하는 작물의 재배환경(온도, 일조, 수분, 토양적응성 등), 재배방법(밭의 준비, 정식과 정식 후 관리, 거름 주기 등), 수확 및 저장, 병충해 방제 등 다양한 측면에서 과학적인 관리가 되지 않는다면, 수확은 적고 고생만 할 뿐이라는 것을 깨달은 것이다.

농사는 또 문화였다. 장자(莊子)는 문화를 '소의 코뚜레'에 비유했다고 한다. 코뚜레 없는 소는 자연의 소산이요, 코뚜레 있는 소는 문화의 소산이라는 말이다. 다시 말해서 문화란 자연에 인공을 가해서 생긴 결과물이라는 뜻이다. 영어에서 문화(culture)라는 말도 본래 경작이라는 뜻이 아니던가. 경작이란 사람이 작물과 대화를 하면서 정성을 다해 보살펴주는 과정이라고 할 수 있다. 그래서 농작물은 주인의 발자국 소리를 들으며 자란다고 했다. 작물이 건강하게 자랄 수 있도록 음악을 틀어주는 사람도 있다고 들었다.

에필로그

'풍경'의 세계에서 '지도'의 세계로

졸업하고 좋은 회사에 취직하여 잘 근무하고 있던 유모 군이 어느 날 연구실로 찾아왔다. 회사 그만두고 미국 유학을 가려 하니 추천서를 써달라는 것이었다. 회사생활이 여의치 않아 그러냐고 물었더니 그게 아니라고 했다. 자신이 유학 가는 목적은 '춘천에 살기 위해서'라는 것이었다.

유 군은 서울에서 태어나서 서울에서 성장한 서울 출신 학생이었다. 그런 그가 춘천과 인연을 맺게 된 것은 오로지 춘천에 있는 대학에 입학했기 때문이었다. 그런데 그는 4년간의 춘천생활이 너무나도 마음에 들었다. 졸업 후 서울에 취직이 되어 다시 서울에 살게 되었으나, 행복했던 춘천생활을 잊을 수가 없었다. 점점 춘천이 그리워지다 보니, 어느새 춘천이 고향 같다는 생각이 들기 시작했다. 그래서 누가 고향을 물으면 춘천이 고향이라고 대답하게 되었다.

말로만 춘천이 고향인 것이 아니었다. 그는 심심하거나 울적할 때면 마음을 편안하게 어루만져주는 고향 땅(?)을 찾았다. 또 명절에는 남들처럼 귀성객이 되어 춘천에 내려왔다. 춘천에 와서 딱히 무슨 할 일이 있는 것은 아니었고, 친척이 살고 있는 것도 아니었다. 친구는 연락이 되면 가끔 만나기도 했지만, 그냥 시내나 교외를 돌아다니는 것이 좋았다. 이 골목 저 골목 기웃거리다가 배고

프면 막국수나 닭갈비를 사 먹었다.

그러나 그렇게 가끔씩 춘천을 찾는 것으로는 성에 차지가 않았다. 그래서 아예 서울생활을 청산하고 춘천에 와 살기로 작정했다. 아직 미혼인 그는 결혼도 춘천 색시와 하거나, 아니면 적어도 춘천에 정착하는 데 동의하는 색시와 하기로 했다. 그런데 문제는 춘천에서 무얼 해서 먹고살 것인가였다. 그래서 궁리해낸 것이 영어회화 강사였고 ― 그는 영어회화에 특기가 있다 ― 그 자격을 얻기 위해 미국으로 영어교수법을 배우러 가야겠다는 것이었다.

나는 물론 기꺼이 추천서를 써주었지만, 그 후로 그가 어떻게 되었는지는 알지 못한다. 하지만 그때 나는 유 군을 통해서 고향이란 꼭 태어나지 않아도 살아가면서 만들 수도 있는 것이로구나 하는 생각을 하게 되었다. '타향도 정이 들면 고향'이란 말이 있지 않은가. 그러고 보니, 서울에서부터 월송리까지의 나의 인생 역정도 일종의 '고향 만들기', 즉 '고향을 찾아 나선 오리엔테이션'이 아닐까 하는 생각이 든다.

내가 언제까지 월송리에 살 수 있을지 지금으로서는 알 수가 없다. 우여곡절 끝에 찾아낸 이 정감 어린 풍경을 나는 가능한 한 오래오래 향유하고 싶다. 하지만 그 지속가능성의 열쇠는 내 마음이 아니라 내 몸이 쥐고 있다. 사실 내 몸은 강건한 편이 못 되어서, 내가 언제까지 농사일을 감당할 수 있을지 벌써부터 걱정이다. 아내는 지금부터 슬슬 농사의 규모를 줄여나가야 한다고 말한다. 맞는 말이다. 하지만 이제 막 농사다운 농사를 시작하려는 마당에, 이제 막 농사 맛을 좀 들이려고 하는 판에, 그렇게 하는 것이 쉬운 노릇은 아니다.

그리고 앞으로의 나의 생활은 정년퇴직과도 밀접히 관련되어 있다. 남들은 내가 정년퇴직 후의 생활을 잘 준비해놓았다고 부러워하기도 한다. 아닌 게 아니라, 논문 쓰고 학생들 가르치고 하는 의무에서 벗어나게 되면, 농사일에 좀더 매진할 수 있을 것은 분명해 보인다. 그러나 그렇다고 해서, 내가 전업농부들처럼 본격적인 농사꾼으로 살아갈 것으로는 생각되지 않는다. 평생 하던 일이 말과 글에 관련된 일들인데, 그걸 하루아침에 접을 수는 없는 노릇 아니겠는가.

나는 30대 초반에 동서문화사에서 출판한 세계문학전집을 한 질 구입해서 지금까지 간직해오고 있다. 다른 출판사에서 나온 것들이 있음에도 불구하고 하필 그 전집을 구입한 것은, 그것의 판형이 크고 글자가 특별히 컸기 때문이었다. 그러니까 그 당장에 읽기 위해서가 아니라, 늙어서 퇴직하면 읽으려고 미리 구입해놓은 것이다. 그 전집의 부피가 상당해서 이사 다닐 때마다 아내의 핀잔을 받았지만, 내 딴에는 노후대책의 일환으로 준비해놓은 것이다. 그래서 퇴직하게 되면, 나는 우선 몇십 년 동안 묵혀왔던 그 전집들부터 꺼내서 한 권 한 권 읽어나갈 작정이다. 시력이 얼마나 버텨줄지 모르겠으나, 동서고금의 명작들을 직업과 관계없이, 즉 논문이나 강의와 관계없이, 편안하게 읽어나가는 것은 커다란 즐거움을 안겨줄 것으로 기대하고 있다. 그리고 그렇게 되면, 애초에 땅을 사면서 꿈꾸었던 '음풍농월 주경야독'이라는 프로젝트도 실현하는 셈이 되지 않겠는가.

앞서도 말했지만, 늙어서 병치레를 하게 되면 시내로 나가는 것이 순리이다. 병원 가까운 곳에 사는 것이 상책인 것이다. 애써 마련한 '풍경의 세계'를 버리고 다시 '지도의 세계'로 되돌아간다는 것은 끔직한 일이지만, 병마 앞에서야 어쩌겠는가. 하지만 설사 그렇게 되더라도, 두 가지만은 분명한 것 같다.

첫째, 월송리에서의 퇴거 시기는 길동이의 수명에 달려 있다는 것이다. 다시 말해서, 우리가 시내로 나가는 것은 길동이가 죽은 후에라야 가능할 것이다. 시내로 나가면 아파트에 살게 될 게 뻔한데, 아파트로 길동이를 데리고 갈 수는 없지 않은가. 천생 남의 집에 맡겨놓고 갈 수밖에 없는데, 길동이를 남의 집에 맡겨놓고 가버리는 것은 자식을 남의 집에 맡겨놓고 가버리는 것이나 똑같은 짓이 아니겠는가.

둘째, 우리가 월송리 땅을 팔게 되더라도, 아래 밭만은 남겨둘 것이라는 사실이다. 아무리 노쇠해져 있더라도 걸을 수가 있고 팔다리를 움직일 수만 있으면, 텃밭농사는 계속하고 싶다. 또 그렇게 해야 정겨운 풍경을 계속 찾게 될 것이고, 정다운 이웃사람들과도 계속 만날 수 있을 것이 아닌가. 마을에 행사가 있을 때, 낯선 얼굴들이 눈에 띄는 경우가 더러 있었는데, 알고 보니 그들은 옛날에 월송3리에 살다가 이사 나간 사람들이었다. 나도 그들처럼 할 작정이다. 관혼상제에 참석하는 것은 물론이고, 정월 대보름날, 마을 풀 깎는 날, 마을 결산 총회 하는 날, 산신제 지내는 날 등등 마을행사에도 빠짐없이 참석할 작정이다. 왜냐하면 월송3리는 내가 천신만고 끝에 구성해낸 나의 '고향'이니까.

저자

김재환(金在桓)

1946년 경남 통영 출생.
서울대 문리대 영문과 졸업, 고려대 대학원 수학.
양정고 교사, 성심여대 교수를 거쳐 한림대 교수로 재직.
정년퇴임 후 현재 거처를 옮겨 경주에 거주 중.

월송리 김 교수의
고향 만들기

초판 제1쇄 2015년 4월 10일 발행

저자 김재환
발행처 녹색평론사

주소 서울시 종로구 돈화문로 94 동원빌딩 501호
전화 02-738-0663, 0666
팩스 02-737-6168
웹사이트 www.greenreview.co.kr
이메일 editor@greenreview.co.kr
출판등록 1991년 9월 17일 제6-36호

ISBN 978-89-90274-77-9 03040

책값은 뒤표지에 있습니다.